Universale Economica Feltrinelli

PER PAULA
LETTERE DAL MONDO

con una prefazione di Isabel Allende

Traduzione di Valeria Raimondi

Feltrinelli

Titolo dell'opera originale
CARTAS DE PAULA

Traduzione dalle lingue originali
(spagnolo, inglese, francese) di
VALERIA RAIMONDI

Prima edizione nell' "Universale Economica" maggio 1997

ISBN 88-07-81449-8

Prologo

Il 6 dicembre 1992 mia figlia Paula morì così silenziosamente che non mi resi conto del momento preciso in cui passò dal sonno all'altra vita. Un anno prima era stata ricoverata in seguito a una crisi di porfiria in un ospedale pubblico di Madrid. Viveva in quella città con Ernesto, suo marito, nella passione di un amore nato da poco. Alcune ore dopo l'ingresso in ospedale, Paula cadde in coma e nell'istante in cui la portarono via a gran velocità lungo i corridoi verso l'unità di rianimazione, persi mia figlia per sempre, anche se allora non lo sapevo. Dietro a quella porta che la separava da noi, Paula sopravvisse in una dimensione misteriosa fra la vita e la morte. Accadde qualcosa, qualcosa che si sarebbe potuto evitare, e Paula subì un grave danno cerebrale. Non servirebbe a nulla adesso andare a verificare come successe o attribuire colpe, è sufficiente dire che, con un po' di fortuna, oggi mia figlia sarebbe viva. La porfiria è una malattia genetica che si manifesta con attacchi acuti e intermittenti ma che, con le dovute precauzioni, non è necessariamente fatale. Lo specialista che la curava ci assicurò che non era insolito che il paziente cadesse in coma e aggiunse che nel giro di poche settimane si sarebbe ristabilita completamente. Ma non fu così. Per sei mesi Ernesto, mio genero, e io aspettammo angosciati che Paula tornasse fra noi. Con il lento passare delle settimane ci aiutavamo a vicenda a non perdere la speranza, aggrappandoci ai più piccoli segnali di quel corpo inerte e di quello spirito alla deriva. Ernesto trascorreva ore nella cappella dell'ospedale, in ginocchio, pregando. Seduta nell'ultima panca di quella cappella, sotto lo sguardo compassionevole di un enorme Cristo intagliato nel legno, io scrivevo una lettera infinita a mia figlia. Pensavo che, risvegliandosi, Paula avrebbe avuto lacune nella memoria e il mio compito sarebbe stato ricordarle la sua identità, com'era il paese a sud del mondo dove era nata, chi erano le persone della sua famiglia che si davano il cambio per starle vicino. Sei mesi dopo, quando la primavera madrileña anticipava già il calore dell'estate, ottenemmo che Paula venisse sottoposta ad altri esami. Gli esiti furono inappellabili e non fu più possibile continuare a nascondere il grave danno che aveva subito. I medici ammisero che non si sarebbe mai ripresa, era ridotta a un vegetale, e ci consigliarono di internarla in un istituto, dal momento che lei non si rendeva conto di nulla. Né Ernesto né io accettammo la diagnosi. Eravamo certi che la tenacia del nostro amore potesse fare il miracolo di guarire Paula. Dopo un viaggio che preferisco non ricordare, la portammo incosciente dalla Spagna a casa mia, nella California del Nord. Poco dopo Ernesto dovette tornare al lavoro e Paula restò nelle mie mani.

La nostra grande famiglia, un paio di amiche e tre donne generose del Centro America, mi aiutarono a curare Paula giorno e notte. Nelle lente giornate della sua malattia, mentre si trasformava impercettibilmente in un angelo, io continuavo a scrivere nei quaderni gialli quella stessa lettera che avevo cominciato all'ospedale. Il tono di quella lunga missiva era cambiato, non mi rivolgevo più a Paula, era evidente che ormai scrivevo solo per me stessa. Avevo il sospetto che mia figlia non l'avrebbe mai letta, anche se speravo ancora in un miracolo, e del resto la scrittura mi teneva occupata, mi aiutava a tenere l'angoscia sotto controllo e a trovare forze che non sapevo nemmeno di avere in me. Mi permetteva anche di tracciare i limiti del dolore. Dando alle cose il loro nome per iscritto, riuscivo a ordinare la tremenda confusione che mi sommergeva. Dicendo per esempio: *questa è agonia, questa si chiama morte, questa sono io lacerata, questo è ciò che resta di mia figlia*, la sofferenza acquistava contorni precisi e diventava più facile da sopportare. Willie, mio marito, dice che in quel periodo diventai inavvicinabile, che ero separata dal mondo da una muraglia cinese, lontana da tutto e da tutti, ossessionata da mia figlia. È certo che, a un livello più profondo, Paula e io esistevamo in un limbo particolare, ma grazie all'esercizio costante della scrittura mi fu almeno possibile affrontare l'esistenza quotidiana in modo apparentemente normale.

Non so se ci fu un momento preciso nel quale accettai l'idea della morte, forse fu un processo lungo, un lento consumarsi della speranza. Alla fine di novembre del 1992 Ernesto tornò da noi in California. Aveva ottenuto che la società per la quale lavorava lo trasferisse a New York, da dove potevamo comunicare più agevolmente e la distanza che lo separava da Paula era minore. La seconda notte che trascorse nella nostra casa, Ernesto fece un sogno premonitore nel quale Paula saliva una scala telescopica e quando arrivava in cima si lanciava nel vuoto prima che lui potesse afferrarla. Poi la vedeva distesa su un tavolo, che si deteriorava a poco a poco, perdeva i capelli, dimagriva fino a diventare pelle e ossa, senza riuscire a morire. Infine Ernesto capiva che l'unico modo di aiutarla era distruggere il suo corpo e la prendeva fra le braccia per metterla sul fuoco. Dopo, il fantasma di Paula veniva a dare l'ultimo saluto alla famiglia e a dire a lui che lo amava, prima di svanire. Quel sogno ci aiutò a parlare di un argomento che era nell'aria, ma che nessuno dei due osava affrontare. Poco dopo andammo nella stanza di Paula e, con la porta chiusa, parlammo con lei per dirle che era giunto il momento di smettere di soffrire, che se ne andasse in pace, che noi ci eravamo rassegnati, avevamo l'animo sereno e potevamo sopportare la sua assenza perché avevamo la certezza che i nostri spiriti non si sarebbero mai realmente separati. Inginocchiato vicino al suo letto, abbracciandola, Ernesto le diede il permesso di andarsene. *Muori, amore mio*, la supplicò. *Muori, figlia*, aggiunsi io in silenzio, perché mi mancò la voce. Due settimane dopo, alle quattro della mattina del 6 dicembre, Paula morì fra le mie braccia.

Quel giorno era trascorso fra discrete cerimonie familiari d'addio, perché era evidente che qualcosa era cambiato nello stato di Paula, come se una tremenda stanchezza si fosse impadronita di lei immergendola in un sonno senza ritorno. Quando si fece notte accendemmo le candele e cominciammo a raccontare storie e a ricordarla come era prima che si ammalasse, quando era una creatura bellissima dal sorriso dilagante e i capelli lunghi. Mia nuora, Celia, e Nicolas, mio figlio, misero i loro bambini ai piedi di Paula, Willie si occupò di tenere in caldo il caffè e io mi infilai nel letto con mia figlia, appoggiata al mio petto come quando era bambina, mentre la stanza si riempiva di presenze tangibili: gli spiriti dei nonni e dei bisnonni, i pensieri dei parenti e degli amici, l'amore di Ernesto. Paula cominciò a respirare sempre più lentamente e io sincronizzai il mio respiro con il suo fino a quando, verso mezzanotte, sentii che stavo soffocando e capii che si avvicinava la fine. Sapevo di poterla accompagnare solo fino alla soglia, ma che non avrei potuto seguirla nella tappa successiva del suo viaggio.

Più tardi, mentre Willie e Nicolas rintracciavano al telefono Ernesto, che arrivò in volo dalla Cina, e avvertivano il resto della famiglia in Cile, Spagna e Venezuela, Celia e io compimmo in silenzio i riti della morte: lavammo Paula, la vestimmo con quegli abiti semplici di cotone che tanto le piacevano e aprimmo le finestre perché entrasse il freddo dell'alba. Poi ci sedemmo accanto a lei, avvolte nelle coperte, e aspettammo coloro che sarebbero arrivati dai quattro angoli della terra, gli amici e i vicini che portarono vassoi di pietanze, ceste di frutta e fiori. Quella notte aveva cominciato a piovere e continuò così senza tregua per il resto della settimana. Quando la pioggia cessò, tutta la famiglia uscì a spargere le ceneri di Paula nelle acque di un ruscello che scorreva in mezzo a un bosco di sequoie, proprio come aveva chiesto molto tempo prima di ammalarsi, quando la morte sembrava un capriccio remoto. Ciascuno di noi, inclusi i bambini, prese un pugno di quella polvere bianca che era il simbolo del passaggio di Paula in questo mondo e lo lanciò nell'aria. E fu allora, quando il vento gelido e l'acqua portarono via le ultime ceneri, che cominciò per me un lungo pellegrinaggio per i sentieri della memoria e del dolore.

Nell'anno della malattia di mia figlia fui così occupata a lottare contro la disgrazia che non potei pensare molto a me stessa, ma dopo la sua morte mi cadde addosso il silenzio opprimente del lutto. I primi giorni ero in trance, come sonnambula, e inciampavo nel fantasma di Paula che mi appariva ovunque. Un mese più tardi mia madre mi prese per mano e mi portò nella piccola rimessa dove scrivo. *Oggi è l'8 gennaio, la data in cui cominci tutti i tuoi libri*, mi disse, e io risposi che mi sentivo arida dentro e non mi sarei mai più rimessa a scrivere. Ma mia madre aveva pensato a tutto e non è una donna che si lasci vincere dal superficiale e apparente buon senso. Senza fare caso alle mie proteste, accese una candela che profumava di miele davanti al ritratto di Paula e mi mise in mano un pacchetto legato con un nastro giallo. Erano le centonovanta lettere che le avevo spedito in Cile nel corso di quell'anno, nelle quali le raccontavo la terribile prova che Paula e io avevamo vissuto insieme. Mi chiese di leggerle con attenzione, nell'ordine in cui erano, così avrei compreso che la morte era l'unica liberazione possibile per mia figlia. *Il lutto è come un tunnel lungo e buio che dovrai attraversare da sola. Dall'altra parte c'è la luce, adesso però non puoi ancora vederla. Credimi, Isabel, niente può risparmiarti questa sofferenza, né i farmaci antidepressivi, né la terapia, né le vacanze su un'isola tropicale, e nem-*

meno l'amore di tuo marito o dei tuoi nipoti, aggiunse mia madre e mi chiese di camminare con pazienza nel tunnel confidando nella forza della vita, perché quello era il minimo che Paula potesse aspettarsi da me.

A quel punto se ne andò con la scusa di comperare un gilet, lasciandomi sola con i ricordi e il dolore. Accesi il computer e, senza pensare, scrissi la stessa frase con la quale avevo cominciato il primo quaderno giallo a Madrid: *Ascolta, Paula, ti voglio raccontare una storia, così quando ti sveglierai non ti sentirai tanto sperduta*. Compresi allora che l'unica cosa che avrei potuto scrivere era quella lettera destinata a mia figlia. Mia madre tornò da me sei ore dopo, senza il gilet, e mi trovò assorta nella scrittura.

Ogni mattina, durante tutto il 1993, mi alzavo a fatica dal letto e mi trascinavo fino alla mia rimessa, accendevo una candela e mi sedevo al computer a piangere. Celia, mia nuora, che aspettava il terzo figlio e che divenne la mia ombra, la mia amica e la mia aiutante, dice che scrissi quelle pagine con lacrime e baci. A volte la tristezza era insopportabile e restavo per ore a guardare la tastiera, senza riuscire a scrivere una parola. Altre volte le frasi fluivano come se a dettarmele fosse Paula dall'altro mondo. Ogni tanto scappavo di corsa verso il bosco dove avevamo sparso le sue ceneri e camminavo per ore, chiamandola. Ma non fu solo pianto, in molte occasioni mi sorpresi a ridere dei miei ricordi, di me stessa e perfino di Paula. Con grande stupore, un anno dopo intravidi la fine del tunnel, proprio come aveva promesso mia madre, e mi resi conto che non pregavo per morire, ma per continuare a vivere. Nel frattempo era nata Nicole, la terza dei miei nipoti, una bambina solida come un mattone e con il fascino caraibico della madre di Celia, reginetta di bellezza in gioventù. Per allora sulla mia scrivania si erano accumulate quattrocento pagine e non erano deprimenti, ma piuttosto un inno alla vita. Come nei dipinti degli antichi maestri fiamminghi, il colore affiorava nel mezzo di grandi spazi d'ombra; il libro era fatto di chiaroscuri, di contrasti.

Non sono sicura dello scopo di quelle pagine, credo di averle scritte come una forma di catarsi, con la vaga speranza che la magia della letteratura sconfiggesse l'oblio e mantenesse in vita Paula fra di noi. Pensai anche che quella minuziosa registrazione dell'accaduto fosse importante per Nicolas, che soffre anche lui di porfiria, e per i miei nipoti che dovranno vivere con questa spada di Damocle sospesa sulle loro teste. In verità, cercai nella scrittura una forma di salvezza: nel processo che mi portò a ricordare il passato, la mia anima lentamente guarì. Mia madre, la prima volta che lesse il manoscritto, immaginò subito che potesse essere pubblicato, ma suggerì cambiamenti sostanziali per proteggere i segreti della famiglia e i personaggi coinvolti nella storia, soprattutto me stessa, che apparivo virtualmente nuda. Per una settimana cercai di trasformare quelle memorie in un romanzo, ma ogni volta che introducevo una modifica, per minima che fosse, sentivo di tradire Paula e l'essenza stessa del libro. Vinta, decisi di lasciarlo com'era. Feci diverse copie dell'originale e ne mandai una a ogni persona citata: tutti, senza eccezione, mi autorizzarono a pubblicarlo così com'era. L'unico che mi fece un'osservazione fu Ernesto. *Mi sembra che la figura di Paula sia incomple-*

ta, disse. *Tu l'hai conosciuta solo come figlia, non sai che era un'amante appassionata, una sposa dolce e una compagna straordinaria. Ti manderò qualcosa di molto privato... Se Paula lo sapesse, morirebbe una seconda volta!* E tre giorni dopo ricevetti un pacco che conteneva il tesoro più insperato: le lettere d'amore che Paula ed Ernesto si erano scambiati durante oltre un anno di corrispondenza quotidiana. Mia figlia, che io consideravo un'intellettuale, il genio della famiglia, l'unica che univa in sé il talento per la cultura umanistica e il rigore del pensiero scientifico, mi si rivelò come una donna sensuale, disinibita, giocherellona e con un grande bisogno di essere coccolata. Nelle lettere raccontava all'innamorato la sua infanzia e la sua adolescenza, così seppi che era stata molto felice, che ricordava solo le cose belle, gli amori, i viaggi, e che aveva cancellato le separazioni, l'esilio e altre inquietudini. Inclusi nel manoscritto paragrafi testuali di quelle lettere – fu l'unica modifica che apportai.

Il libro fu pubblicato nonostante certe riserve da parte del mio agente e di alcuni editori che si spaventarono dell'argomento e del fatto che mi esponessi senza veli agli occhi del pubblico. Fino a quel momento avevo scritto solo narrativa e quei ricordi sembravano un salto nel vuoto. Dopo poche settimane cominciarono ad arrivare lettere di lettori, donne e uomini, che dopo aver finito *Paula* sentirono il generoso impulso di comunicare con me. Arrivarono centinaia, poi migliaia di buste provenienti da luoghi diversi, soprattutto dall'Italia, dalla Spagna, dal Sud America e dagli Stati Uniti, ma anche da angoli più remoti come l'India e l'Australia e, come un balsamico torrente di acqua fresca, inondarono la mia scrivania e la mia vita. Tutti i miei libri messi insieme non avevano prodotto in tredici anni la corrispondenza che ricevetti per *Paula* in pochi mesi. Lettere di genitori che hanno perso i figli o che nutrono il timore viscerale che possa accadere loro qualcosa; lettere di giovani che hanno nostalgia di una grande famiglia; di figlie che desiderano un rapporto con la madre simile a quello che avevamo Paula e io, e persino una ragazzina di tredici anni, in piena crisi adolescenziale, che ha condiviso il libro con sua madre come atto di riconciliazione dopo innumerevoli litigi. Lettere di medici che hanno rivisto la loro relazione con i pazienti e promettono a se stessi che d'ora in poi non li considereranno più solo come casi clinici, ma come persone con una storia e una famiglia; di pazienti terminali che hanno trovato consolazione nei loro ultimi giorni, e di altri che soffrono di porfiria o di malattie analoghe. Ricevetti anche una lettera da parte di un'infermiera a cui era toccato il compito di accudire Paula nell'unità di rianimazione dell'ospedale di Madrid, che confermò i miei peggiori sospetti e mi raccontò i dettagli della tragedia di mia figlia e della cospirazione per mantenere il silenzio attorno al suo caso. La valanga di lettere dimostrò che la decisione di pubblicare il libro era stata giusta. Aprendomi ai lettori, non mi resi più vulnerabile ma più forte, perché da tutte le parti del mondo si tendevano mani per sostenermi. Dovetti assumere altre assistenti per aprire le buste, separare le lettere secondo la lingua in cui erano scritte, far tradurre quelle che non capivamo e spedire le risposte. Non erano lettere alle quali potesse rispondere una segretaria con qualche frase fatta, perché erano molto personali. Desiderando esprimere il mio ringraziamento, mi venne l'idea di fare dei biglietti. Mi piace lavorare con le mani, per me è come una forma di meditazione. Approfittando del fatto che l'ultimo figlio di Willie era partito per l'università e in casa c'erano alcune stanze vuote, organizzai un piccolo laboratorio dove negli ultimi due anni si sono accumulate carte di ogni genere, penne, quadernetti, sculture in legno e osso, fiori che metto a seccare in soffitta e ogni sorta di materiale utile che mi passa per le mani. Di sera, quando Willie si dedica al suo laboratorio di falegnameria o alle sue apparecchiature fotografiche, io preparo biglietti che userò il giorno successivo per rispondere alle lettere. Non sono opere d'arte, ma posso dire di avere acquisito una certa pratica, e se non dovessi più tornare a scrivere potrei guadagnarmi da vivere con quest'umile occupazione...

In alcune lettere i lettori mi chiedono di scrivere una continuazione di *Paula*, perché sentono che i personaggi del libro sono entrati a far parte della loro famiglia e desiderano sapere di più sul loro conto. Tenerli aggiornati divenne un vero e proprio lavoro, raccontare loro che lo zio Ramon ha compiuto ottant'anni ma cammina ancora con la scioltezza di un ragazzo (almeno quando sa che qualcuno lo guarda) e continua a comportarsi come se fosse immensamente ricco; che anche mia madre riceve molte lettere, talvolta da scrittori esordienti che le chiedono di correggere i loro testi; che Jason è diventato giornalista e sta scrivendo un romanzo; che Harleigh ha finito miracolosamente le scuole superiori e ha una fidanzata di sei anni più vecchia di lui, una bella donna con una lunga capigliatura color fuoco, che lo ama tanto da vivere in una tenda sulla spiaggia, in mancanza di un tetto più solido; che Celia e Nicolas stanno attraversando una crisi molto profonda e che probabilmente finiranno col divorziare; che i miei tre nipoti sono assolutamente perfetti e che Willie e io continuiamo a stare insieme e siamo sempre innamorati, nonostante le numerose prove che abbiamo dovuto affrontare.

Quando alcuni dei miei editori dimostrarono interesse nel pubblicare parte di quelle lettere, Celia ebbe il compito di rileggerle, sceglierne alcune, sottolineare i paragrafi più significativi e fare una lista degli indirizzi per chiedere l'autorizzazione a ciascuno dei mittenti. Seduta per terra, circondata da montagne di carta, mia nuora passò diverse settimane sommersa da quell'impressionante mole di corrispondenza. Molte volte la sorpresi ad asciugarsi le lacrime col dorso della mano, come se si vergognasse della propria emotività. E non era fuori luogo, perché i lettori che, dopo aver letto il libro con il cuore aperto, si sono dati la pena di cercare il mio indirizzo e di mettersi in contatto con me, esprimono i loro sentimenti in modo commovente.

Le lettere più numerose furono forse quelle di donne che desideravano conoscere Ernesto. Naturalmente ad alcune di loro mandai l'indirizzo di mio genero, con la segreta speranza che fra queste ce ne fosse una capace di aiutarlo nel suo lutto. Alla fine però dovetti desistere dal mio piano perché l'interessato non collaborava. *Smettila di mandarmi possibili fidanzate, perché non me la sento di parlare con loro e la verità è che non potrò mai più innamorarmi*, mi disse. Si era fatto crescere la barba, era sopraffatto dalla tristezza e sembrava molto più vecchio dei suoi trentadue anni. Parlava di diventare sacerdote gesuita e camminava perfino con la testa lievemente piegata di lato, come se si stesse allenando alla castità e alla preghiera. Ci parlavamo al telefono un paio di volte alla settimana, attraversavamo gli Stati Uniti per vederci non appena possibile, e a ogni incontro finivamo abbracciati a piangere inconsolabilmente. Ernesto è grande e grosso e dolce come un orso di peluche: è facile piangere sulla sua spalla. Nei momenti di lucidità, tuttavia, mi dava fastidio lo stato di tragico abbandono in cui era caduto quell'omaccione, che mi chiama mamma e che, a differenza dei miei figli naturali e adottivi, mi ascolta quando parlo. Spesso gli ricordavo la sua dedizione durante i mesi della malattia di Paula, non solo nei suoi riguardi, ma anche verso gli altri pazienti dell'ospedale che ebbero la fortuna di conoscerlo. Ernesto ha la stoffa del guaritore e siccome non lo vedo indossare la tonaca, pensai che invece di dedicarsi a salvare le anime, avrebbe potuto salvare i corpi. Paula e io ci eravamo dette più di una volta che Ernesto era un medico mancato. Il giorno di Natale ci ha annunciato che ha deciso di studiare medicina. Si è iscritto a un corso di chimica, ha dato gli esami necessari e ha fatto domanda di iscrizione in ventisei università. In questo momento aspetta una risposta per iniziare il corso di studi, cosa che mi rallegra molto perché fa sempre comodo avere un medico in famiglia. La notizia più bella è che finalmente si è di nuovo innamorato. Non appena Giulia è entrata nella sua vita, si è sentito obbligato a portarla in California dove la famiglia si preparava a esaminarla e a darle i voti. Giulia, poverina, ha dovuto affrontare la tribù e sottomettersi a un severo scrutinio, ma ne è uscita vittoriosa e credo che all'orizzonte si intravedano già i fiori d'arancio. Non posso evitare di raccontare un particolare, che sarebbe impossibile includere in un romanzo perché mi accuserebbero di mettere a dura prova i limiti del realismo magico: Giulia è nata lo stesso giorno di Paula, sua madre si chiama Paula e suo padre e io siamo nati nello stesso giorno dello stesso anno. Troppe coincidenze! Mi fa pensare che questo sia un segno evidente che Paula approva il nuovo amore di Ernesto.

Non ho mai immaginato che avrei scritto un libro di memorie. Il mondo è pieno di storie da raccontare, perché ricorrere alla mia? Le circostanze che hanno motivato quel libro sono drammatiche – quanto vorrei che non ci fosse mai stato motivo di scriverlo – ma sono contenta del risultato e della reazione che ha suscitato fra i lettori. Sento che tutti i miei romanzi precedenti sono stati solo una preparazione affinché, giunto il momento, Paula potesse scrivere quel libro attraverso di me.

Quelle pagine raccontano la fine prematura di una ragazza meravigliosa che meritava una lunga esistenza, ma non sono un lamento di morte, bensì un inno alla vita. Due storie si intrecciano: quella di mia figlia e il mio destino. La lunga agonia di Paula mi ha dato la straordinaria opportunità di rivedere il mio passato. Per un anno la mia vita si è completamente fermata, non c'era nulla da fare, solo aspettare e ricordare. Costretta a rimanere ferma per la prima volta, iniziai una lunga introspezione, un viaggio verso l'interno, verso me stessa e il mio passato. Potei quindi formulare le domande fondamentali: che cosa c'è oltre la vita? È solo notte e solitudine? Che cosa resta quando tramontano il desiderio e la speranza? Fino a quel momento avevo vissuto di fretta, ma in quei mesi eterni al capezzale di mia figlia, mentre cercavo di comunicare con il suo spirito, scoprii il silenzio. Questo fu uno dei regali più belli che mi fece Paula in quel periodo. Oggi cerco tutti i giorni la pace silenziosa della natura, di alcuni minuti di meditazione, di solitudine, che mi permettano di ritrovarmi con Paula e con la mia anima. Silenzio prima della nascita, silenzio dopo la morte: la vita è puro rumore fra due silenzi insondabili. L'altro regalo prezioso che mi ha fatto Paula è stato insegnarmi ad amare in modo incondizionato. Prostrata in quel letto, muta e immobile, con lo sguardo rivolto alla morte, mia figlia non poteva dare nulla, poteva solo ricevere. Lei, che prima possedeva una rara intelligenza e una grazia indimenticabile, che aveva vissuto i suoi ventotto anni al servizio degli altri e dei più alti ideali, si vide ridotta alla condizione di una statua solitaria. Perciò mi toccò amarla così com'era, senza desideri o speranze, senza ricevere risposta, senza sapere nemmeno se il mio affetto poteva raggiungerla. E dopo la sua morte, quando credevo di aver perso tutto, scoprii di possedere qualcosa che nessuno avrebbe mai potuto strapparmi: l'amore che avevo offerto a Paula. Negli anni che sono trascorsi da allora, mi sono sforzata di non dimenticare quell'esperienza d'amore e di ripeterla ogni volta sia possibile, perché in realtà tutto ciò che si possiede è ciò che si dà.

Alcuni mesi prima di ammalarsi, quando si trovavano in luna di miele in Scozia, Paula si svegliò a mezzanotte in preda a un incubo così vivido che si alzò, scrisse una lettera e la chiuse in una busta, che sigillò con la cera di una candela e sulla quale scrisse: *Da aprirsi quando sarò morta.* Credo che in sogno ebbe una chiara premonizione di ciò che le sarebbe successo. Nove mesi dopo ebbe una crisi di porfiria e cadde in coma. In quella occasione Ernesto mi mostrò la lettera, ma io rifiutai di aprirla, convinta che mia figlia sarebbe guarita e che aprire quella busta avrebbe attirato la sfortuna. Nei mesi della sua malattia tenni la lettera nella stessa scatola di latta nella quale conservo le reliquie di mia nonna. A volte la prendevo fra le mani quasi fosse stata una reliquia essa stessa, immaginando che contenesse la spiegazione di quello che era accaduto a mia figlia, ma senza mai osare leggerla, paralizzata da un terrore superstizioso. Mi chiedevo perché una donna giovane, sana, profondamente innamorata, in piena luna di miele, avesse scritto una lettera da aprirsi solo dopo la sua morte. Io non ho mai scritto una lettera come quella, e nemmeno mia madre, che ha già compiuto settantacinque anni. Che cosa aveva visto Paula nel suo incubo? A fine novembre, quando ormai non mi appariva più in sogno e la tenue comunicazione che c'era fra di noi sembrava sfumare, decisi di aprire la busta. Tremando, ruppi il sigillo di cera ed estrassi le pagine scritte nella grafia di Paula. Le sue parole mi giunsero da un'altra dimensione e da un altro tempo. Era un testamento spirituale che comincia così: *Non desidero rimanere imprigionata nel mio corpo. Liberata da esso, potrò essere più vicina a coloro che amo, anche se si trovano ai quattro angoli della terra.* Prosegue dicendo a suo marito e a noi, la sua famiglia, quanto ci ama e quanto è stata felice, e ci chiede di non dimenticarla, perché finché la ricorderemo, lei ci sarà accanto. Ci dice di essere contenti perché *noi spiriti aiutiamo, accompagnamo e proteggiamo meglio chi è contento.* Paula, che in quella lettera parla già di sé come di uno spirito, dice anche che non desidera una lapide a suo nome, vuole rimanere nel cuore dei suoi cari e desidera che le sue ceneri tornino alla terra. Abbiamo fatto in modo di seguire le sue istruzioni, e il suo nome non è inciso su alcuna pietra: paradossalmente, è invece stampato su milioni di libri in tutto il mondo. In diverse edizioni il suo viso è ritratto in copertina: una ragazza dai capelli lunghi, con le sopracciglia folte, gli occhi grandi e un bel sorriso. Quella fotografia la scattò Willie poco tempo prima che si ammalasse. Dopo la sua morte cercammo il negativo nel disordine degli scatoloni che Willie tiene in soffitta e, quasi per magia, riuscimmo a trovarlo. Andai a farne delle copie e, non so spiegarmi come, lo persi per la strada. Passai ore a ripercorrere i miei passi, disperata, finché lo trovai, intatto, in un parcheggio di automobili, dove gli saranno passate sopra molte ruote. A volte mi sono chiesta se a Paula, che era gelosa della sua vita privata, piacerebbe passare di mano in mano... Mi consola l'idea che questo libro abbia creato uno spazio nel quale i lettori e io condividiamo perdite e dolori, così come speranze e ricordi. Questa vocazione di unire le persone Paula la fece sua molto presto nella vita, perciò penso che accetti tollerante la notorietà come un male minore. Questo libro mi ha inoltre aiutata a tenere in vita mia figlia, a renderla sempre presente. Ogni volta che devo firmare una copia, lei mi sorride da quelle pagine. A volte ho sentito chiaramente che mi parla, per esempio attraverso la lettera di un lettore che risponde a una domanda in un momento particolare. Per il mio compleanno, il giorno della festa della mamma e l'8 di gennaio, mi arrivano i saluti di sconosciuti che firmano col nome di Paula. Un paio di settimane fa, uscendo dal buio del métro a New York, mi ritrovai in mezzo alla strada, accecata dalla luce di una primavera radiosa riflessa dai vetri dei grattacieli, e quando riuscii a mettere a fuoco, Paula mi stava osservando. Era una sua enorme fotografia esposta nella vetrina di una libreria. Se è vero che la morte non esiste e che moriamo solo quando veniamo dimenticati, mia figlia vivrà a lungo.

La mia vita, come i miei libri, è fatta di dolore e di amore. Il dolore mi obbliga a imparare, l'amore a crescere. La letteratura è per me un atto di alchimia, è la capacità di trasformare le banalità dell'esistenza in frammenti di saggezza. Forse in questo sta il potere prodigioso della parola scritta: ci permette di conservare i ricordi, trasformare la sofferenza in forza, rinascere a ogni stagione, come vecchi alberi che buttano foglie nuove dopo ogni inverno.

giugno 1996

Isabel Allende

LETTERE

1.

3 febbraio 1995

Cara signora Isabel Allende,

le scrivo sull'onda dell'emozione che ha prodotto in me la lettura del suo libro *Paula*. In realtà è molto tempo che penso di scriverle, ma adesso questo remoto desiderio ha vinto la timidezza della parola, è cresciuto e come un'enorme valanga di emozioni incontrollabili si è imposto come necessità.

Pochi giorni fa, passando davanti a una libreria latina della quattordicesima strada, a New York, mi sono ritrovata davanti il bellissimo viso di Paula, sulla copertina del libro che, disposto in moltissime copie proprio all'ingresso della libreria, faceva da decorazione. Sono entrata e ho comperato il volume che cercavo da quando sono arrivata negli Stati Uniti, all'inizio di gennaio.

Con un misto di interesse professionale (ora mi spiego), curiosità e aspettativa perché è il suo ultimo libro, ho cominciato immediatamente la lettura, che mi ha avvinta sin dalla prima riga. Non ricordo nessuna altra opera che mi abbia commossa così profondamente.

In realtà mi interesso al suo lavoro da tempo, da quando, nel 1984, lessi il suo primo romanzo. A quel tempo vivevo ancora a Hong Kong, dove lavoravo come insegnante di lingua e letteratura spagnola nel liceo francese della città.

La casa degli spiriti, con la sua magia, mi riportò nel nostro continente così bello e maltrattato, afflitto dall'ingiustizia e dalla disuguaglianza sociale, che in quel momento era così lontano, e mi fece conoscere questa nuova scrittrice cilena dal nome tanto caro e ammirato da tutti noi brasiliani.

Mentre crescevo come lettrice e insegnante, lei cresceva come scrittrice, le sue opere venivano pubblicate e io le cercavo nei più diversi angoli della terra dove ho avuto la fortuna di vivere. Le leggevo in classe insieme ai miei alunni e sentivo che qualcosa nella scrittura di quella donna raggiungeva e stimolava la mia sensibilità in modo nuovo e straordinario.

Nel 1992, dopo il divorzio, tornai in Brasile, il mio paese, entrai all'Università Federale Fluminense, a Rio de Janeiro, dove insegno tuttora spagnolo e letteratura ispano-americana, e successivamente entrai per un dottorato di ricerca all'Università di San Paolo.

Quando arrivò il momento di scegliere un autore su cui scrivere la tesi di dottorato, non pensai un solo istante a un'altra opera che non fosse la sua. Così eccomi qui a sforzarmi di superare la paura che mi suscita la parola scritta e a leggere il più possibile per scrivere del suo lavoro. Ma a dire la verità, talvolta sento che il lavoro critico è un'invasione, e i suoi romanzi, prima di ogni altra cosa, mi riempiono di emozione, mi ci identifico e mi piacerebbe averli scritti io stessa. Io però non possiedo il dono della scrittura. Questo è stato il motivo che mi ha portata negli Stati Uniti a gennaio: cercare materiale bibliografico su Isabel Allende, dal momento che purtroppo se ne trova poco nel mio paese.

Come le ho detto prima, avevo già voglia di scriverle, ma anche se conosco tutta la sua opera e ho letto molto di ciò che è stato pubblicato su di lei, ho grandi difficoltà a rivolgermi alle celebrità. Tutto questo è cambiato dopo la lettura di *Paula.*

Il libro mi ha messo di fronte la donna in carne e ossa, con le sue emozioni e la sua sensibilità. Una persona qualunque, una che lotta, che soffre e piange, si diverte e sa far ridere. La bambina, la donna, l'amante, la madre nei diversi momenti del suo percorso, piena di voglia di vivere e padrona di una fonte inesauribile di speranza.

La lettura di *Paula* mi ha rivelato tutto questo. Secondo me la materia di cui è fatto *Paula* è l'amore; questa lettera, tuttavia, non vuole diventare una recensione, ma vuole essere un messaggio di ammirazione per qualcuno che, col potere dell'amore e dell'impegno assoluti, ha avuto il coraggio di esporsi così apertamente nella materia narrativa da dare l'impressione di essere quasi una vecchia amica.

Per questo non ho potuto fare a meno di scriverle e adesso lo faccio con la voglia di dirle che se prima l'ammiravo come scrittrice ora l'ammiro anche *come donna.*

Mi piacerebbe molto avere l'opportunità di conoscerla, nel frattempo mi accontento di scrivere delle sue opere.

Un abbraccio affettuoso

Livia
(Livia Reiss)
Rio de Janeiro, Brasile

2.

6 giugno 1996

Gentile signora Allende,

da quando ho letto il suo libro *Paula* ho atteso di scriverle, e spero che questa mia la raggiunga attraverso il suo editore.

Il suo libro mi fu dato da un amico mentre mi trovavo a New York nell'ottobre dello scorso anno, e non so dirle quanto mi abbia colpita.

Vede, anch'io avevo una figlia che è morta quando aveva solo ventisette anni. Il suo nome, che strana coincidenza, era Paola. La sua Paula e la mia Paola devono essere nate nello stesso anno perché la mia è morta nel 1991 e la sua nel 1992 a ventott'anni, se ricordo bene. Questa è la ragione per cui il mio amico ha voluto regalarmi il libro.

Mia figlia era una nota cantante pop a Manila, nelle Filippine, dove viviamo. Due anni prima di ammalarsi, d'improvviso ebbe una crisi mistica e cominciò ad andare a messa tutti i giorni. La sua malattia divenne una fonte di ispirazione per molti perché lei aveva accettato il suo destino con grande forza e con fede.

Soffriva di cancro alle ghiandole linfatiche che, come nel caso di sua figlia, è una malattia rara e incurabile. La portai al Memorial Sloar Kettering ma non poterono fare nulla per lei. La malattia durò un anno e dieci mesi, ma fortunatamente Paola conservò intatte le sue facoltà fino alla fine.

Leggere il suo libro mi ha fatto rivivere tutto il dolore e mi sono sentita immensamente vicina a lei, perché non c'è sofferenza più grande che perdere la carne della propria carne e il sangue del proprio sangue. Si tratta di un dolore assolutamente inimmaginabile per chi non lo ha provato.

È meraviglioso il modo in cui lei è riuscita a esprimere il dolore e l'angoscia.

Ho letto anche *La casa degli spiriti* e ne sono rimasta completamente affascinata. Sono una persona che ha avuto molte esperienze, non spiegabili senza ricorrere alla metafisica.

La sola cosa che mi ha sostenuto nella sofferenza è stata la fede in Dio. Sento che mia figlia mi è ancora molto vicina e sento che mi osserva ogni giorno. Eravamo molto unite e ci volevamo un gran bene.

Lei non era sposata.

Accludo una sua foto, in modo che lei possa vederla. Era una ragazza bellissima, intelligente e piena di talento. Mi ha dato molta gioia come la sua a lei. Alla fine ho potuto solo ringraziare Dio per avermela prestata per ventisette anni.

Grazie per aver condiviso con noi il meraviglioso dono della sua scrittura. Spero che Dio continui a ispirarla.

Con grande ammirazione

Teresa Luz
Manila, Filippine

P.S. Sono una commerciante d'arte sposata a uno dei più noti artisti delle Filippine e le scrivo dagli Stati Uniti dove mi trovo in visita.

3.

25 settembre 1995

Carissima Isabel Allende,

per prima cosa mi consenta di presentarmi, in modo che lei possa sapere con chi ha a che fare.

Sono una donna di quarant'anni e vivo sola in una grande città chiamata Rotterdam. Lavoro come cooperatrice per la ricerca meccanica all'Istituto di fisica applicata, un istituto che produce strumenti ad alta tecnologia per i satelliti o per gli esperimenti geologici.

Nel tempo libero mi occupo di architettura – nutro il sogno di riuscire un giorno a costruire una casa mia –, disegno mobili, ascolto musica e me ne vado in giro sulla mia moto. Solo nelle vacanze riesco a trovare la tranquillità necessaria per leggere un libro. Con i miei amici, amo filosofeggiare sulla vita e sulle mille cose strane che possono accadere.

Non ho l'abitudine di scrivere a una persona così conosciuta come lei, e non so nemmeno se lei leggerà questa lettera, ma da quando ho letto *Paula*, quattro mesi fa, ho sentito il bisogno di scriverle perché mai prima d'allora un libro mi aveva commossa tanto.

Al principio del romanzo ho provato quasi una sensazione di vergogna, mi sono sentita come se stessi spiando dalla sua finestra e osservando scene intime e private.

Ma lentamente questa intimità è diventata parte di me e mi ha comunicato un rispetto molto profondo nei confronti della sua sincerità e del fatto che abbia scelto di condividere questa esperienza con i suoi lettori.

Si può quasi dire che lei mi abbia consentito di condividere i suoi sentimenti più profondi come avrebbe fatto con un amico, e in questo modo mi ha indotto a scriverle.

Sette anni fa ho perso una persona molto importante: mia madre, che aveva allora cinquantasette anni. Grazie alla sua forza interiore – fra le altre cose organizzò il proprio funerale – e alla sua franchezza, sento che gli ultimi sei mesi che abbiamo vissuto insieme sono stati un enorme arricchimento per la mia vita.

In un certo modo mi hanno dato la pace e mi hanno resa meno spaventata davanti alla morte.

Spero che quando arriverà il mio momento io possa essere come lei e guardare in faccia la morte affinché anche gli ultimi istanti di vita siano degni di questo nome.

La stessa franchezza la ritrovo nel suo libro, è un marchio di riconoscimento, credo. Malgrado il mio modesto inglese, spero che lei capisca che cosa voglio comunicarle.

Comunque sia, desidero ringraziarla e farle i miei complimenti per un libro così bello, e aspetterò con ansia l'uscita del suo prossimo romanzo; lei infatti è da anni la mia scrittrice preferita (ho letto tutti i suoi libri!). Non smetta mai di raccontare le sue storie, per favore!

A lei auguro ogni bene e ogni felicità e spero che il dolore per la perdita della sua bambina non la faccia soffrire troppo.

È strano come si possa imparare a vivere senza le persone scomparse pur non smettendo mai di sentire la loro mancanza.

Voglio concludere nella mia lingua mandandole *myn hartelyke groeten* (i miei migliori saluti)

Marta von Koppen
Rotterdam, Olanda

4.

29 settembre 1995

Carissima Isabel Allende,

lei non mi conosce. Quella che era iniziata per me come una brutta giornata si è trasformata in un giorno magnifico grazie a lei. Contrariamente a quanto scritto nell'indirizzo in cima alla lettera, le sto scrivendo da uno studio cinematografico in Ungheria. Sono il regista di un film in cui il protagonista, un monaco del XII secolo, è anche detective.

Durante la pausa del pranzo il mio cameraman (un uomo intelligente e umile) mi ha raccontato come, due anni fa, sia stato costretto a implorare per la sua vita davanti a un tribunale primitivo sull'Himalaya. Era la terza volta che si trovava faccia a faccia con la morte.

Ma la cosa più importante è che ho appena finito di leggere il suo libro mozzafiato, *Paula*. Vorrei tanto essere in contatto con gli spiriti come lei.

Le scrivo questa lettera con atteggiamento solidale. Nel novembre del 1991 mia moglie ha battuto la testa ed è entrata in coma, senza mai più riprendersi veramente. Si risveglia, ma solo per poco e mai completamente.

Sono riemerso dal suo libro (letto nell'ambiente surreale del set cinematografico) con la profonda sensazione di aver capito meglio qualche cosa.

Grazie.

Con affetto

Rick Strout
Londra, Gran Bretagna

5.

29 agosto 1995

Cara Isabel,

grazie per aver condiviso te stessa nel tuo libro *Paula*. Una alla volta le persone come me – a milioni – vivono con te la solitudine del tuo dolore. Mi sono sentita lacerata, ho riso un po', ma soprattutto ho pianto, ho imparato e mi sono sentita privilegiata oltre ogni dire per essere stata ammessa, grazie alla tua meravigliosa scrittura, all'interno dello spazio sacro della tua esperienza di vita e dei momenti trascorsi con la tua meravigliosa bambina.

Mia figlia avrebbe l'età di Paula se fosse viva. Sondra nacque il 7 aprile del 1963 e morì il 9 febbraio del 1974. Fu ricoverata all'ospedale con una polmonite il martedì. In trentasei ore, dopo aver subito una tracheotomia, che speravano potesse facilitarle la respirazione, e in seguito a una febbre altissima, cosciente e furiosa nella lotta contro la malattia, il suo cuore ha ceduto. La squadra di rianimatori non è riuscita a riportarla in vita. Per molte lunghe, lunghissime notti ho scritto nel mio diario, cercando di trovare un senso a tutto questo. Sono trascorsi vent'anni ma il ricordo è ancora vivo, e leggere il tuo libro in questi ultimi giorni ha significato rivivere tutto, ognuno di quei momenti sacri, in ogni tua parola. Grazie per questo e grazie di esistere.

Ci sarebbe così tanto da dire sul tuo modo di scrivere. La storia del pescatore è resa splendidamente. Grazie per aver lasciato a noi la possibilità di immaginarne la fine. Io penso che il pescatore avesse bevuto un po' troppo quella notte e parlato un po' troppo. Gli uomini fra di loro si perdonano quasi tutto, ma non l'aver fatto del male a un bambino. Uno degli ascoltatori, infuriato nell'udire il suo racconto, lo ha ucciso. Questo è quello che penso. Ci sono moltissimi passaggi in grado di comunicare sensazioni meravigliose, ma mi fermo qui e ti dico solo: Grazie!

Questa carta da lettere me l'ha regalata il mio amico Kevin che di quando in quando tiene seminari per giornalisti nel Centro America. (Ha vissuto a Città del Messico per oltre venticinque anni.) Kevin ha tenuto un seminario a Caracas al principio di questo mese ed era sul punto di partire per la Bolivia la mattina del 10 agosto quando ha avuto un infarto e ora è in convalescenza dopo un intervento chirurgico per l'applicazione di tre by-pass. Abbiamo visto *La casa degli spiriti* questa settimana, e ora lui sta leggendo *Paula*. Ci sentiamo entrambi tuoi amici. Continua a rimanere in stretta comunicazione con te stessa, con i tuoi desideri, e con l'universo. Noi continueremo a pensare a te e a pregare per te.

Con affetto

June
(*June Taylor*)
Rockford, Illinois, Usa

6.

4 ottobre 1994

Cara Isabel,

ho scritto questa breve poesia tre giorni dopo la morte di Paula, ma non ho mai osato spedirtela prima, perché il tuo dolore era ancora troppo recente, anche se so che la sofferenza rimarrà per sempre dentro di te.

Un bacio come sempre

Manelick

Paula

Piove il giorno tutte le sue ore
una a una,
fino a rimanere vuoto
unito,
    buio.

Forse solo un riflesso
(il tiepido specchio)
taglia il respiro sul vetro
(piccolo laboratorio dell'esistenza)
e lì giace
il corpo leggero
nell'angolo del letto
con le ali spezzate
e il volo rotto.

Passi, silenziosi, e ancora passi.
Ore e silenzi e altro tempo.
Il giorno piove tutte le sue ore
trascorre il tempo senza tempo.
Tutto è un respiro
nulla è più ciò che è stato.
Resta solo il tuo canto, Paula,
come una musica
nel chiaro timpano della mia memoria.

Manelick De la Parra Vargas
Messico

Isabel Allende risponde:

7 ottobre 1994

Mio caro Manelick,

è difficile trasmettere l'emozione che ha suscitato in me la tua poesia. Come puoi sapere con tanta precisione ciò che è successo, quello che noi tutti provammo, quello che ho sofferto?

"Ore e silenzi e altro tempo.
Il giorno piove tutte le sue ore
trascorre il tempo senza tempo."

Fu così, Mane, proprio così. Ho pianto a lungo dopo aver letto la tua poesia, che mi ha riportato i ricordi più tristi e più dolci. Ti voglio molto bene e credo che ora ci siano molti più legami che ci uniscono grazie a Paula...

Un abbraccio a tutta la famiglia

Isabel

7.

29 ottobre 1995

Cara signora Allende,

nel caso queste poche righe le giungessero, la voglio ringraziare per aver scritto *Paula*.

Ho letto con piacere tutti i suoi libri, ma questo più di ogni altro è significativo per me. Mia moglie, la mia compagna da oltre cinquant'anni, ha avuto un ictus a luglio ed è rimasta paralizzata, incapace di parlare e di riconoscermi (apparentemente?), perciò ho trascorso molte ore accanto al suo letto, a parlarle, ad accarezzarla, fino a quando ha chiuso gli occhi ed è diventata uno spirito e un ricordo per me. Leggere il suo libro mi ha sollevato, anche se leggendolo ho pianto, è stato come una candela nell'immensa e solitaria oscurità nella quale vivo adesso. Sono un uomo vecchio e mi sono sposato alla fine della guerra, dopo aver trascorso un periodo di tempo in un campo di concentramento tedesco. Da quel momento in avanti, fino a oggi, mia moglie e io siamo stati insieme, sempre. La prego, non pensi che mi aspetti una risposta. Desideravo solo ringraziarla di cuore per aver scritto questo libro e augurarle ogni bene.

Hans Nuetzel
Cincinnati, Ohio, Usa

Isabel Allende risponde e il signor Nuetzel le invia questa lettera accompagnata da una fotografia che lo ritrae insieme alla moglie:

15 dicembre 1995

Cara signora,

la sua gentilezza mi ha commosso, e sono rimasto seduto davanti al suo messaggio e ai bellissimi fiori che venivano dal Cile per un tempo lunghissimo e ho pianto lacrime risanatrici. Oggi sarebbe stato il settantaduesimo compleanno di Ingrid, ho piantato le giunchiglie nel vecchio cimitero silenzioso dove lei riposa e da dove spero che il suo spirito sorrida. Le sono così grato, lei per me è una stella in quella costellazione che è il Cile. (Le altre sono Pablo Neruda e Claudio Arrau, che mi ha regalato la mia prima epifania musicale, tanti anni fa.)

Prego uno spirito superiore, qualunque esso sia, affinché benedica lei e i suoi cari e la ringrazio, più di quanto riesca a esprimere con le parole.

Le mando una fotografia in modo che lei possa vedere con chi è stata tanto gentile. Vorrei tanto poter fare qualcosa per lei, che con i suoi libri mi ha dato tanto. Non pensi nemmeno per un istante che io la voglia incomodare ancora con una risposta, con affetto

Hans Nuetzel

8.

4 novembre 1995

Gentilissima signora Allende,

era da molto che desideravo scriverle, da quando ho finito di leggere *Paula*, nel mese di aprile. Malgrado avessi letto con immenso piacere tutti i suoi romanzi precedenti, non riuscivo a decidermi ad aprire *Paula*, per la paura che fosse troppo triste.

Invece ho scoperto che è un magnifico inno alla gioia, alla vita che continua, alla speranza. Desidero ringraziarla perché mi ha dato molto. Sono una donna incline alla depressione e al pessimismo e vedere che persone come lei reagiscono alle disgrazie più terribili in un modo positivo mi dà molto coraggio.

Grazie signora Isabel!

Spero veramente di poter leggere presto un altro suo romanzo. *Eva Luna* è stato il primo che ho letto, mi piacque tanto che lessi subito tutti gli altri.

Non voglio adularla, però non mi era mai successo di leggere due volte e anche più la stessa frase da tanto mi piaceva lo stile. Mi è accaduto però con i suoi libri, nonostante sia italiana e non parli quasi mai lo spagnolo, lingua che ho imparato molti anni fa all'Università di Verona (nel 1967). Il 21 maggio di quest'anno è nata mia nipote. Essendo la sua madrina di battesimo, ho potuto scegliere il suo nome e ho scelto Isabel, sperando che cresca con il suo coraggio e con la sua gioia di vivere. Allego una fotografia di Isabel a tre mesi.

L'abbraccio con affetto

Claudia Kaswalder
Bolzano, Italia

P.S. Aspetto con impazienza di leggere la sua prossima opera.

9.

Cara signora Allende,

sono una donna danese di trentatré anni. Desidero ringraziarla per avere alleviato la mia solitudine con i più forti, i più tristi, ma anche i più bei sentimenti della vita, condividendo il dolore, i pensieri e la saggezza che ha vissuto con la perdita di Paula.

Il 30 ottobre del 1992, poco più di un mese prima che la sua Paula abbandonasse il suo corpo, la mia bambina di quattro anni è morta. Era nata con un grave danno cerebrale, probabilmente a causa di un virus gastrointestinale di cui soffrii durante la gravidanza. Seppi di essere incinta nel momento stesso in cui accadde. Mentre l'aspettavo, facevo spesso strani sogni. Era sempre una farfalla nei miei sogni. Qualche volta mi veniva portata via e una notte la vidi nascere sotto forma di farfalla da una grossa conchiglia, come quella da cui nasce la Venere del Botticelli. Veniva aggredita da un grosso cane, ma scappava in cielo.

Quando ebbe due mesi e mezzo, la sua malattia si manifestò in modo evidente attraverso attacchi terribili. Fino al giorno in cui andammo all'ospedale per la prima volta (da quel momento fu ricoverata ventiquattro volte nei seguenti quattro anni!), si era comportata come una bimba normale, sorrideva, si muoveva, comunicava. Da quel momento in avanti non fu mai più così. Dopo la prima dose di medicine, necessarie per controllare i costanti e dolorosissimi attacchi, smise di muoversi spontaneamente e i sorrisi si fecero sempre più rari fino a scomparire completamente. Rifiutai di accettare che c'era qualcosa che non andava nella mia bambina, proprio come lei fece con Paula. Sono certa di aver comunicato con lei, malgrado i medici dicessero che era impossibile. So che l'amore che riceveva da me, da suo padre, dalla famiglia e dagli amici l'ha mantenuta in vita fino a quando è giunto per lei il momento di continuare il suo viaggio. Ricevette tutte le cure possibili, ma senza alcun giovamento. La portai da tutti i medici e i guaritori possibili e immaginabili, con i quali sono entrata in contatto in modi insoliti. Guaritori di tutte le parti del mondo hanno cercato di salvare la mia bambina. Le fu somministrato ogni tipo di medicina naturale e io imparai tutto sulla guarigione spontanea e sul pensiero positivo. Tutto ciò mi ha aiutato a rendermi conto della situazione e ad accettarla, io diventavo via via più forte, ma *lei* non migliorava. Quello non era lo scopo della sua piccola, grande vita... era anche bellissima, la gente attorno a noi scappava come se pensasse che quella tragedia potesse essere contagiosa, altri invece riuscivano a sentire l'amore, la forza che circondavano mia figlia e l'amavano come un angelo. Anche lei era prigioniera del suo corpo, non poteva muoversi, non poteva mangiare, non poteva parlare, sopportava dolori atroci, ma ha avuto più amore di quanto una persona normale riceva in un'intera vita.

Ha vissuto a casa fino al giorno in cui è morta, insieme a molte persone amorevoli che mi aiutavano a occuparmi di lei ventiquattr'ore al giorno. Io ho pianto, gridato, combattuto fino alla soglia della pazzia, cercando di lottare contro il suo destino. Come lei, ho rifiutato di chiudere mia figlia in un istituto e "continuare la mia vita". Era *lei* la mia vita e il mio destino, quando era con me. Fu il peggior incubo di ogni madre, ma anche la più grande benedizione. Lei era la "bambina magica", l'occhiata rubata al paradiso e l'amore eterno. Ha scelto di andarsene quando è stata certa che io fossi in grado di dirle addio, quando sono stata in grado di lasciarla andare via. Come lei, ho scoperto che l'amore è più forte di ogni cosa e va oltre la vita e la morte.

Adesso porto in me il mio primo bambino e ho un'altra bambina di quattro anni. A loro racconto della luce che mi guida, della mia piccola Helena.

Grazie ancora una volta per aver condiviso la sua esperienza...

Con affetto

Annette Hauskov
Danimarca

10.

4 maggio 1995

Cara Isabel,

sono stata via alcune settimane e quando infine sono tornata, ho messo poche cose in una borsa e sono fuggita a Tassajara (il monastero Zen) per un fine settimana di riposo e, soprattutto, per leggere il tuo libro. Hai proprio fatto centro questa volta. Non assomiglia a niente che tu abbia scritto prima. In una parola è oro colato. Hai tessuto il tuo dolore, il lutto, la sofferenza, l'amore, la gioia, l'estasi in un lungo filo d'oro purissimo. Non riuscivo a posarlo, il tuo libro. L'ho letto alla luce di una lanterna, sotto il sole, alla luce di una torcia elettrica (non c'è l'elettricità a Tassajara). Il mio cuore e la mia anima si sono arresi al suo ritmo, alla sua musica, al misticismo, all'UMORISMO, e al pathos e sono uscita da quei giorni di trance con la sensazione di aver toccato la tua vita e quella delle persone che ami, e che quella vita mi avvolgesse come una coperta, non più come una sottile ragnatela!

La tua vita contiene più magia della scatola di Houdini. Ma quello che ho apprezzato più di tutto è stata l'onestà delle tue osservazioni su te stessa e sugli altri. Possiedi uno sguardo penetrante che sa vedere il fiore di loto e il fango. La tua volontà di condividere tutto a un tale livello di profondità aprirà molti cuori storpi e atrofizzati in tutto il mondo. Lo spirito di Paula, liberato dalla forza delle tue parole, cambierà il mondo.

Grazie, Isabel, per il libro migliore che abbia letto da anni! Conosco un po' del dolore che hai messo in questa scrittura, le lunghe mattine in cui Celia ti sentiva piangere di sotto, al tuo computer, cercando fra i ricordi, riportando in vita Paula per il tempo che ti ci è voluto a scriverli tutti. È qualcosa di più di un libro coraggioso e sentito. È un'elegia e tu sei un Lazzaro letterario.

Amo Blake. Ha detto: "Colui che si lega a una gioia, distrugge le ali della vita. Colui che bacia la gioia che vola via, vive nell'alba dell'eternità". Questo è ciò che tu hai fatto per lo spirito di Paula. Vivrai nell'alba dell'eternità!

Con grande affetto e stima

Dorothy
(*Dorothy Leroux*)
California, Usa

P.S. Ricordi quando mi permettesti con tanta gentilezza di scrivere la mia lettera di ammissione alla scuola di specializzazione dell'università e di firmarla con il tuo nome? (E grazie a Dio fosti ancor più gentile da non volerla leggere!) Di recente mi hanno risposto sia da U.C che da Stanford. Non ce l'ho fatta. Era difficile e lo sapevo, perciò non posso dire di essere sorpresa e nemmeno delusa. Il PhD è per i veri intellettuali, non è così? Grazie mille per il tuo aiuto. Non puoi immaginare quanto ci abbia pensato prima di chiederti un favore che tu, non c'è da stupirsi, non hai esitato a farmi!

11.

Cara Isabel,

da poco ho terminato di leggere *Paula* per la prima volta. Dico per la prima volta perché immagino che tornerò spesso a leggere queste pagine. Oltre alla storia che lei come scrittrice narra, *Paula* è un omaggio alla vita, alla lotta, al nulla, all'amore, alla donna, alla patria e alla morte...

Ho letto *Paula*, e mi ha lasciato un sapore agrodolce, mi ha trasmesso angoscia e pace, ma soprattutto mi ha confermato la mia grande ammirazione per lei, Isabel.

La conosco da quando lessi *La casa degli spiriti* e subito dopo *Eva Luna. Eva Luna racconta* giace sul mio comodino e lo leggo centellinandolo, come quando si mangia un dolce assaporandone lentamente ogni cucchiaio perché duri più a lungo.

La ammiro da molto tempo, ma ora l'ammiro di più e le voglio ancora più bene. Leggendo *Paula* ho conosciuto la donna combattente che c'è in lei. Che forse non si propone sempre di lottare, ma che fa quello che si deve fare, quello che coloro che hanno più paura di lei considerano un'impresa di grande coraggio.

Ammiro la donna che ama e rispetta i suoi figli come individui.

Leggendo *Paula* mi sono scoperta a desiderare di avere avuto una madre come lei. (Dalla storia mi sono accorta che lei avrebbe realmente potuto essere mia madre. Anch'io sono nata nel 1963.)

Prima che leggessi *Paula*, mio fratello Omar mi disse che si sarebbe sposato e in agosto sarebbe diventato padre. È stata una grande emozione per me, perché diventerò zia per la prima volta. E visto che nella nostra famiglia tutti i nipoti sono maschi, gli ho detto che questa dovrà essere una bambina. La bambina che ho tanto desiderato e non ho avuto. Parlando di nomi, mi ha detto che se poi fosse stato un maschio lo avrebbe chiamato Nicolas, che è il cognome materno di nostro padre e che trova sia un nome elegante. Io sono d'accordo con lui, anche se a mia cognata non piace, lei comunque ha scelto il nome per la bambina: Carlotta Nicole.

La settimana seguente ho letto *Paula* ed è stata una grande emozione scoprire che anche tuo figlio si chiama Nicolas. Ho telefonato subito a Omar e gli ho detto che non doveva assolutamente cambiare idea riguardo al nome, che il bambino si deve chiamare come il nonno e il figlio di Isabel Allende. (E sai, mio fratello non sa nulla, assolutamente nulla di letteratura, così ho dovuto raccontargli la storia della tua vita.)

Isabel, scusa se questa lettera è così lunga.

Grazie di esistere

Cabelma Yrucha
San Juan, Puerto Rico

12.

3 settembre 1995

Cara Isabel Allende,

grazie per aver scritto *Paula*. Il suo libro ha viaggiato con me per tutto il paese, in autobus e nelle brevi soste nei bar, il tempo di bere un caffè, e ora è qui, malconcio e stropicciato, accanto al mio letto. Molte pagine hanno le "orecchie", sono quelle che voglio rileggere; e solo toccare la copertina mi fa venire le lacrime agli occhi... lacrime non di tristezza ma di stupore per la bellezza che questi ricordi trasmettono e per il conforto che mi hanno regalato.

Anche mia madre si chiamava Paula. Morì diciotto anni fa, quando avevo tre anni. So poco della sua vita e non molto di più della sua morte. Ho un grande rispetto per l'amore incondizionato – quel legame unico fra madre e figlia – che è intessuto come un filo nella poesia del racconto di Paula e nella storia della sua famiglia. Vorrei tanto sedere al capezzale di mia madre, ora che sono donna, come allora quando ero bambina, e sentire il suo spirito, tenere la sua mano. Scrivendo il tributo alla sua Paula, lei mi ha permesso di dare il mio tributo alla mia Paula, la possibilità di tenerle la mano e di piangerla. Grazie per questo.

Con affetto

Anna Sapko
Stanford, California, Usa

13.

20 novembre 1995

Cara Isabel,

non ho mai riso tanto come leggendo la pagina 363 della traduzione francese di *Paula*: lei è completamente posseduta dalla logica di una strega e ha fatto un incantesimo su Michael affinché trovasse lavoro!

Non ho solo riso leggendo, ma rido ancora adesso ricordandolo. E non c'è da stupirsi, perché tutti i suoi ricordi possiedono questa forza. E quando la immagino insieme all'amante flautista in quella triste casa di Madrid (a vivere di nulla, piena di speranze e di dubbi) mi sembra di rivedere una scena di *Via col vento*.

Se vogliamo dare credito all'astrologia, allora io la conosco già molto bene. La donna con cui vivo da quindici anni, è nata nell'agosto del 1942, come lei. Una vera "Leonessa", una donna molto forte, bella e passionale, una persona autentica. A lei l'ho detto mille volte che la considero un miracolo.

Sono le donne come lei (come lei e come Paula) a "legittimare" la nostra vita sulla terra, che non avrebbe senso se fosse solo fatta dell'egoismo, della cattiveria e della perversità dei comuni mortali.

Cara Isabel, il suo libro è un vero regalo, un balsamo, una consolazione, una sorta di mediazione fra la volgarità quotidiana, che spesso è solo banalità e miseria, e quella trascendenza alla quale tutti noi aspiriamo.

Quando ho comprato il libro, non avrei mai pensato che fosse possibile, leggendolo, vivere una tale quantità di sentimenti tanto intensi e contrastanti.

Perché se è vero che ho riso tanto a pagina 363, è anche vero che ho pianto tantissimo alla fine! Come ha potuto scrivere quelle righe senza morirne? Questo amore unico e meraviglioso fra madre e figlia è pura magia. Potrebbe ancora dopo questa disgrazia scrivere un "semplice" romanzo?

Dall'ultima frase dell'ultima pagina (1992) a oggi (1995) sono trascorsi tre anni. Un periodo molto lungo e breve allo stesso tempo. Che cosa ha scritto da allora? Che cosa fa d'altro? Come vive? Come ha vissuto in questi tre anni? Che cosa è successo in questo tempo? Come stanno sua madre e lo zio Ramon? Willie è ancora l'uomo della sua vita? Paula le appare spesso in sogno?

Non mi deve rispondere. Tutte queste domande le pongo a me stesso, quando penso a lei con molto, moltissimo affetto

Mario Simsolo
Villeneuve, Francia

14.

15 maggio 1994

Mia cara Isabel,

il tuo sogno si è rivelato profetico. Di tutte le tue opere, *Paula* è la migliore. Forse perché, per quel che mi riguarda, è il libro che più di ogni altro mi ha messo in rapporto diretto con la vita e con la morte. Lo dico in questo ordine perché siamo, o crediamo di essere, coscienti della nostra vita, ma non della nostra morte. Quando oggi, domenica 15 maggio, ho letto per la seconda volta della morte di Paula, sono scoppiata in singhiozzi peggio della settimana scorsa, quando l'avevo letta per la prima volta a letto, con Rolando steso accanto a me immerso nella lettura di una cronaca di Garcilaso de la Vega. Dopo aver pianto tanto, avevo un aspetto terribile, con il trucco sciolto e sparso per tutta la faccia. Mi sono sistemata per andare alla messa delle sette nella parrocchia di Santa Lucia e durante tutta la funzione ho parlato con Paula, ho cantato per Paula e ho pregato con Paula per te, per lei, per noi, per tutto quello che possiamo e non possiamo smettere di amare. Avevo pensato di scriverti la mia prima lettera con la prospettiva distaccata e controllata di una critica letteraria. Non ce l'ho fatta. Agli occhi del lettore qualunque, che non ha condiviso con te il tuo calvario, il tuo è un romanzo e, come tale, lascia aperta fino alla fine la possibilità narrativa di una guarigione miracolosa. Anche io, malgrado conoscessi il finale, mi sono lasciata trasportare dalla speranza, e anche sapendo che non ci sarebbe stata guarigione, mi sono lasciata guidare da te sul sentiero dell'impossibile, del miracolo. Dopo la lettera che mi scrivesti durante il volo a Madrid, mi avvicinai al tuo progetto di recupero di Paula e partecipai all'attesa del suo ritorno al mondo, al nostro mondo, l'unico che conosciamo. Tu ti sei addentrata tanto nella dimensione inconoscibile che ci separa dalla morte che, senza volerlo, mi sono sentita trascinata in quel limbo fra i tuoi vivi e i tuoi morti; fra i miei vivi e i miei morti. Parli dei due silenzi insondabili che stanno prima della nascita e dopo la morte e nel mezzo quel rumore insopportabile che è la vita. Ma tu lo esprimi meglio, in un contesto più profondo, in una dimensione estetica del linguaggio che nasce dalla meditazione sul dolore e sulla morte. Ho lo sguardo annebbiato per le lacrime e non riesco a trovare le pagine che avevo segnato quando pensavo ancora di scrivere una critica formale. Mi hai toccato come essere umano, come donna, come madre. Mi hai disarmata, come disarmerai milioni di lettori di lingua spagnola, inglese, francese, cinese, russa o di esperanto, che una volta almeno nella vita hanno amato e che hanno perduto qualcuno che amavano dopo una lunga agonia. Quando, nell'ospedale spagnolo, camminando per i corridoi dei passi perduti, te ne andavi preoccupata di distrarre la morte perché non trovasse la camera di Paula; quando agonizzavi nelle notti insonni sentendo la voce di tua figlia che veniva a chiederti di lasciarla andare, quando ti domandavi se la tua sollecitudine e il tuo amore riuscissero a raggiungere il suo corpo immobile e la sua anima assente; ogni volta che tornavi dai tuoi viaggi nel ricordo, a volte allegra a volte triste, non appena riprendevi il tema di Paula, riuscivi a prendermi per mano illuminandomi con un raggio appena percettibile di speranza. Come sono giunte ai piedi del tuo letto le pantofole di coniglio di Paula?...

In tutto il romanzo esiste un contrappunto costante di allegria e di dolore. In mezzo alla grazia e all'ironia del tuo umorismo, risalta ancora di più la morte che travolge ogni cosa. Riesci a mostrare le due facce della vita, la sua faccia soleggiata e quella in ombra: la felicità nell'amore e l'angoscia nella disgrazia.

Il tuo stile si è affinato. I passaggi poetici in cui descrivi la natura risplendono nell'artificio di una prosa levigata e trasparente. La dimensione filosofica che raggiungi nelle tue meditazioni sul senso della vita e della morte sono all'altezza delle speculazioni più profonde e laceranti della narrativa latino-americana contemporanea. La tua grande, insondabile capacità di mettere in relazione, attraverso l'amore e la lealtà, le diverse generazioni della tua famiglia, sarà d'ispirazione per le donne separate dal tempo, dalla distanza e dalla morte. Perché se esiste un modo di trascendere la morte, quello è l'amore, l'amore appassionato, continuo e tenero che tu doni ai tuoi cari, mentre dal dolore più profondo dai a tutti noi la speranza che la separazione definitiva non esista. La separazione definitiva, lo dice il tuo libro, non esiste. Vai incontro alla morte e la trasformi in alleata della vita, da qui la tua grandezza e da lì l'immortalità dello spirito di Paula.

Cara Isabel, ammirabile, brillante e amata amica, il tuo libro *Paula* ci riunisce ancora una volta a tua figlia. E nel messaggio finale avvicina ciascuno di noi allo spirito dei nostri cari morti e agli spiriti delle persone che abbiamo amato e perduto. C'è una sola luce che ci consente di vedere nella penombra di questi due mondi: l'amore.

Ti abbraccio forte

la tua amica Celia
(*Celia Zapata*)
San Jose State University, California, Usa

15.

4 maggio 1995

Carissima signora Allende,

questa non è solo la lettera di un'ammiratrice, ma è soprattutto la lettera di una madre grata, perché lei con *Paula* è riuscita a tradurre in parole milioni di sentimenti praticamente indescrivibili.

Paula ha avuto un ruolo molto speciale nella mia vita, perché piangendo per il suo dolore, ho pianto anche per il mio. La mia bella figlia Libertad è morta il 15 ottobre del 1994. Anch'io ho percorso i corridoi contando i mille passi molte volte, solo per dissolvere le nebbie che mi hanno avvolta in quegli ultimi due mesi.

È incredibile come un dolore tanto intenso, lacerante, riesca, senza che ce ne rendiamo conto, a risvegliare una serie di sentimenti meravigliosi. L'amore per le nostre figlie è così grande, immenso, che è riuscito a darci la forza per proseguire nella lotta quotidiana.

Nella mia storia Libertad ha portato cose meravigliose. Nella mia vita e nella vita di molti che hanno diviso momenti con lei. Grazie al suo esempio di combattente accanita e amante della vita, ci ha dimostrato che tutto è possibile, basta avere la volontà e l'amore.

Lei è riuscita persino a vincere la morte, perché quel piccolo essere che ho avuto il privilegio di avere come figlia non è più qui fisicamente ma continua insieme a noi la nostra battaglia quotidiana.

Non importa quello che succederà: quello che Libertad mi ha dato mi ha ripagata di ogni pena e non mi stancherò mai di ringraziare Dio per avermela prestata per tre anni. So che lei mi capisce.

Desidero condividere con lei questi sentimenti, per ringraziarla di aver lasciato che Paula fosse con me quando ne avevo più bisogno.

La nostra casa sarà sempre aperta per lei e per i suoi familiari. Un grosso bacio da quest'altra Paula, che grazie alla sua è riuscita a rimettersi di nuovo in piedi.

Cordialmente

Maria Paula Rivera Solanas
Guaynabo, Puerto Rico

16.

gennaio 1996

Cara Isabel,

sono un uomo di settantatré anni che vive un matrimonio felice in Svezia, dove ha sempre vissuto e lavorato. Mi piace molto leggere. In questo momento sto divorando *La storia dei tredici* di Honoré de Balzac.

In momenti diversi ho letto tutto quello che hai scritto finora. Appartieni all'élite degli autori latinoamericani, almeno secondo il mio modesto parere. Insieme a Gabriel García Márquez, Pablo Neruda e Gabriela Mistral, sei fra i primi. Mi è sempre piaciuta la prosa epica, e in questo sei fra i migliori. Ti sarà difficile raggiungere nuovamente il livello a cui eri arrivata con il primo romanzo, *La casa degli spiriti*, anche se non posso fare a meno di chiedermi se tu non l'abbia addirittura superato con l'ultimo libro, *Paula.* In esso il racconto fattuale della malattia di tua figlia si alterna a una sincerità intrepida e assoluta. L'ultimo capitolo del libro esprime una grandissima dignità quando descrivi la morte di tua figlia con una prosa di molto superiore al consueto. Fra la migliore che abbia letto!

Il tuo modo di esprimerti, insieme alla profonda conoscenza della natura umana, dona un riflesso dorato a ogni parola, a ogni frase. Spero sinceramente che non ti stancherai mai di scrivere perché hai molto da regalare all'umanità, ne sono convinto. Perciò aspetto con impazienza nuovi libri firmati da te.

Un caro saluto

Ingvar Brolin
Haninge, Svezia

17.

28 luglio 1995

Isabel,

lascerò che le mie dita decidano il contenuto di questa lettera che le scrivo. Mi chiamo Laura e tre giorni fa ho finito di leggere *Paula*. Da quel momento non ho aperto altro libro. La sua lettura ha riportato alla luce emozioni sepolte sotto la scorza dell'apatia quotidiana, sentimenti vivi che non possono manifestarsi, altrimenti la follia avrebbe il sopravvento; la ribellione rinchiusa in un'epoca, il dolore, il riso, la morte, la speranza.

La felicità fa male perché il tempo le sfugge, scompare e si incide nella memoria alla quale ricorriamo per ricreare il momento irrecuperabile. Le lettere inviate quotidianamente a sua madre, le sue conversazioni schiette e il suo appoggio infinito, mi hanno ricordato il mio rapporto con mia madre, alla quale purtroppo non scrivo tutti i giorni, ma dalla quale non ho mai saputo staccarmi completamente, rimanendo legata da un invisibile cordone ombelicale. No, non si tratta di un complesso edipico al femminile, ma è piuttosto la mia migliore amica malgrado tanta vita e tanti viaggi nei labirinti irrisolubili.

E lei, Isabel, madre, amore insaziabile, rivale impotente della morte, vinta ma impregnata di un valore metafisico, ammirabile. Che cosa resta da fare al lettore se non rileggere con le lacrime agli occhi ogni parola, ogni paragrafo? Che cosa si può leggere dopo questo? Che cosa si può scrivere? Chi si può invocare?

E dalla parte della speranza c'è l'amore; Willie ritratto mentre parla spagnolo alla messicana con tenerezza infinita. Mentre leggevo pensavo: "Anch'io voglio un Willieeeee!".

Le dico qualcosa di me perché sappia chi le scrive. Sono messicana autoesiliata e il mio sogno impossibile è stato quello di ottenere la Green Card. Mi sono laureata in letteratura spagnola, sono antiaccademica, faccio aerobica e do lezioni di spagnolo.

Mi piacerebbe molto che mi scrivesse anche poche righe, se vuole.

Grazie

Laura
(*Laura Radchik*)
Los Angeles, California, Usa

18.

8 marzo 1995

Cara Isa,

ho riso e pianto come mi è accaduto poche altre volte leggendo un libro. Ho dovuto aspettare fino a quando sono riuscito a trovare il tuo libro in castigliano (perché le tue opere le leggo in lingua originale) per conoscere Paula. La vidi solo due volte, di cui una a casa tua a Caracas nel 1978 e poi a Santiago a casa dei tuoi genitori. Era una ragazza adorabile. Ci eravamo messi d'accordo per andare insieme a ballare la salsa, ma sfortunatamente non fu possibile.

*Mi dispiace, mi dispiace proprio tanto.** Mi dispiace non avere saputo che eri a Madrid, sarei venuto per starti vicino col mio affetto e la mia presenza, a te e a tua figlia (non sono retorico, solo romantico) sarei venuto con mia figlia Camilla, che è tutta la mia famiglia.

Tuo cugino, Isabel, viene definito un "ragazzo padre"** in questo paese e in fondo è così, visto che da dodici anni la sua occupazione principale consiste nell'allevare sua figlia. Lasciami dire che come madre, pur

* In italiano nel testo. [*N.d.T.*]

** In italiano nel testo. [*N.d.T.*]

con tutti gli errori che puoi aver commesso, ti sei meritata un sette. Bella lezione di vita.

Mi hai ricordato la mia infanzia e ho riso come un matto. Mi sono ricordato di quella volta che lo zio Ramon raccontò le disgrazie del povero san Giuseppe e della Vergine Maria. Mi sono ricordato della croce di legno che il Tata teneva sulla scrivania "nera". Non avevo idea che nel colore dei suoi mobili si celasse un lutto. Ti sei ricordata anche della zia Teresa, che è stata per me quello che la Memé è stata per te, Isabel. Immagino che sarai presa come al solito. Secondo i miei calcoli, dovresti essere al secondo mese di gestazione del tuo nuovo libro. Auguri! L'otto di marzo si festeggia la giornata della donna in Italia, un giorno o l'altro ti racconterò quello che ho vissuto all'epoca del femminismo in questo paese.

I miei saluti al "guilli" e al resto della famigliona. Se qualche giorno passo di lì, vi vengo a salutare.

Continua a scrivere, piccola, perché lo sai fare molto bene. Ricordati che sei sempre nella mia vita, direbbe il Tata.

Cirilo
Roma, Italia

19.

18 luglio 1995

Cara Isabel Allende,

ho appena terminato *Paula.* Ci ho impiegato giorni e, sebbene ne avessi letti due terzi molto rapidamente, ho rallentato molto quando mi sono resa conto che mi stavo avvicinando alla fine del periodo magico in cui avevo condiviso la tua vita, e che la conclusione non era quel finale hollywoodiano che mi ero aspettata al principio del libro. Ti scrivo questa lettera per ringraziarti.

Grazie per aver consentito a me e a tutti i tuoi lettori di fare parte della tua vita così magica e ricca. Grazie per aver scritto questo e gli altri tuoi libri. Ma *Paula* ha sicuramente richiesto una dose maggiore di coraggio e una straordinaria generosità, per essere pubblicato. Ho capito, leggendolo, il tuo bisogno di scrivere nell'angoscia e nel dolore. E tuttavia la grandezza della tua generosità è data dalla decisione di permettere ai tuoi lettori di diventare parte della tua vita pubblicando il libro.

Ho letto tutto quello che hai scritto e sempre con la stessa piacevole sensazione di anticipazione. Lascio sempre il libro sul mio comodino per almeno una settimana prima di cominciare a leggerlo, in modo da prolungare l'emozione che mi dà l'entrare nel mondo magico che descrivi. Poi comincio a leggerlo, dapprima velocemente, perché non sono mai sazia, poi lentamente perché sono riluttante all'idea di abbandonare quel mondo tanto speciale. Durante tutta la lettura giro più volte il libro per guardare la tua fotografia e leggere la breve nota biografica. Voglio guardare quella persona che possiede la straordinaria capacità di evocare lo spirito dei vivi e dei morti con tanta chiarezza e senso dell'umorismo. Cerco indizi di una mia possibile somiglianza con te nella tua fotografia.

In *Paula*, regali ai tuoi lettori quei fili che intrecciano la vita di tutti noi, e mostri al contempo quanto sia eccezionale il tuo mondo per la cura che hai nell'occuparti dello spirito di coloro che ami. Mentre leggevo la cronaca delle tue prime sofferenze, continuavo a guardare la tua fotografia, che mostra una donna bellissima e intensa. Per tutta la prima parte del libro davo per scontato che Paula sarebbe guarita e sarebbe tornata a essere la tua allegra, sana, vivace figliola; se fosse stato altrimenti, come avresti potuto apparire così viva e realizzata nella fotografia? Ma tu mi hai spiegato come. Il tuo amore, la tua fede incrollabile nel mondo degli spiriti e l'amore di tua madre e di tua nonna e di tua figlia ti hanno permesso di dire addio al corpo della tua bambina e di accogliere il suo spirito liberato nella tua vita.

Mio marito e io siamo i genitori felici di un bellissimo bambino che, dopo molte angosce, ci ha resi felici con la sua nascita quando avevamo ormai superato la quarantina. Viviamo nei pressi di Washington D.C., dove lavoriamo. Abbiamo dedicato la nostra vita professionale alla difesa delle classi meno abbienti, e ora il nostro lavoro è ancora più difficile che in passato perché coloro che detengono il potere non vedono di buon occhio le richieste dei nostri clienti, e anzi li ritengono responsabili di tutto quello che non va nel paese. Le battaglie politiche erano sempre state appaganti fino a qualche anno fa perché si sapeva di poter cambiare qualcosa, anche se poco alla volta. Adesso ci troviamo di fronte alla perdita di diritti acquisiti durante decenni di lavoro. Sappiamo che molte persone innocenti in questo paese soffriranno la fame, il freddo e non avranno una casa, grazie all'egoismo degli uomini e delle donne eletti al Congresso. Io piango sui dolori dei nostri clienti che non hanno un volto, mentre mio marito reagisce infuriandosi, poi torniamo al lavoro e riprendiamo a combattere. Ma sappiamo di essere molto fortunati perché abbiamo l'amore l'uno dell'altra, il nostro bellissimo bambino, i nostri amici, la nostra bella casa, i nostri cani sempre allegri, la nostra famiglia.

Ciascuno dei tuoi libri ha arricchito la mia vita. Ma credo che *Paula* mi abbia realmente influenzata. Leggo molto (buoni libri, e libri di poco valore, riviste, quotidiani) e sono molti i libri che hanno modificato e arricchito il mio modo di guardare alla vita. La storia della tua vita, del tuo amore per tua figlia, per tua madre, per tuo marito e il resto della famiglia e degli amici mi ha toccata profondamente. Hai arricchito il mio linguaggio spirituale e mi hai ricordato l'importanza di ascoltare i miei sensi segreti. Mi hai anche ricordato qual è la prospettiva della realtà che non voglio perdere di vista. Ti ringrazio ancora per aver condiviso tutto questo con me e con tutti i tuoi lettori.

Ti auguro molta felicità nella tua vita in California. So che porti gioia e calore e tanto amore a chi ha la fortuna di condividere la sua esistenza con te. Aspetto con ansia il tuo prossimo libro.

Con affetto

Margot Freeman Saunders
Annandale, Virginia, Usa

20.

29 maggio 1995

Cara signora Allende,

dopo aver letto il suo ultimo libro *Paula*, desidero mandarle una breve lettera attraverso il suo editore.

Da tre anni soffro di una malattia respiratoria difficile da curare, che mi ha reso impossibile esercitare la mia professione nel settore delle arti grafiche.

Leggere mi ha aiutata molto in questo periodo difficile della mia vita. Sono grata a quei pochi autori che, come lei, riescono a portarmi via, lontano dai miei problemi. Quando leggevo *Il Piano infinito* e *La casa degli spiriti*, mi sentivo come se ci fosse qualcuno seduto alla scrivania insieme a me che mi stesse raccontando una storia. La narrazione era così vivida e reale. Questi libri mi hanno fatto bene quanto le medicine e mi hanno aiutata a superare più di una notte difficile.

I ricordi della sua infanzia erano descritti così vividamente in *Paula*, che mi sentivo proprio come se fossi andata anch'io al mare nella casa di suo nonno. Il racconto della malattia di sua figlia era estremamente onesto e ricco di significato. Ho partecipato dei dolori della sua famiglia e la decisione con cui lei ha affrontato la malattia mi ha dato forza per combattere contro la mia situazione. Dopo aver letto *Paula*, mi è stato un po' più facile avere a che fare con la girandola di medici, farmaci e ospedali che a volte, inevitabilmente, appare senza senso. Grazie.

Un cordiale saluto

Maryann Shamdosky
Cliffside Park, New Jersey, Usa

21.

11 luglio 1995

Cara Isabel,

il 3 luglio era l'undicesimo anniversario della diagnosi di Noah e io ho cominciato a leggere *Paula*. Avevo già iniziato a leggerlo in precedenza, ma dopo le prime pagine ho capito che non avrei potuto farlo continuando a interrompermi. Ho scelto il 3 luglio perché conoscere la storia di tua figlia mi sembrava un modo appropriato per ricordare il mio.

Come sempre accade, ho trovato bellissima la tua scrittura. Ma ancora più che da questa, sono stata toccata dall'universalità dell'esperienza che le tue parole comunicano. Anch'io, come te, divido la mia vita in prima e dopo; anch'io come te so che non potrò più tornare a essere la stessa. Ricordo un episodio accaduto circa un anno dopo la morte di Noah. Mi trovavo davanti alla scuola di Eric e so che dal di fuori avevo un bell'aspetto, forse persino "normale". Ma sapevo anche che non era vero. Dopo pensai: gli insegnanti sembrano sollevati, pensano che sia sopravvissuta. Quello che non sapevano, che non potevano vedere, era che non ero io la persona che stavano guardando. Mi sentivo come se tutti gli atomi del mio corpo fossero stati lanciati in aria e fossero ricaduti riassemblandosi in un ordine diverso, formando un essere che non era lo stesso, riconoscibile solo dall'esterno.

Ricordo anche con chiarezza il giorno in cui Noah, tornando a casa dall'ospedale, la sua infanzia distrutta da quei farmaci che avrebbero dovuto distruggere il cancro, mi disse: "Ma mamma, nessuno mi ha dato l'opportunità di dire addio alla mia vecchia vita". Anche di questo hai saputo scrivere così bene. E la scena della morte di Paula, così simile a quella di Noah, quando la casa si riempì di fiori e di amici e di musica e io mi stesi con Noah e lo accarezzai e gli dissi: "Guarda, tesoro, guarda tutti i tuoi amici che sono venuti a dirti addio". Già, sembrava quasi una nascita.

Ho pianto per un'ora dopo aver chiuso il libro all'alba del 4 luglio. Ma mi sentivo purificata e rinfrancata. Ho imparato a vivere intorno a questa terribile tristezza e a sentire di nuovo la gioia. Ma non voglio vivere, mai, come se nulla fosse accaduto. Ti ringrazio per avere tradotto in parole sia il dolore che la bellezza. Da quello che ho appreso su Paula dal libro, so che adesso devi essere contenta.

Con affetto

Alice
(*Alice Bourhis*)
San Francisco, California, Usa

22.

22 maggio 1994

Cara Isabel,

ho appena terminato di leggere *Paula*. Mai prima d'ora sono stato così commosso, così sollevato spiritualmente e così coinvolto emotivamente da una storia di vita vissuta. Ho cominciato a leggere con le lacrime agli occhi; mi hai colto di sorpresa con un inizio così diretto, che non potrò mai dimenticare: "Ascolta, Paula, ti voglio raccontare una storia, così quando ti sveglierai non ti sentirai tanto sperduta" e ho terminato allo stesso modo, non solo asciugandomi le lacrime, ma liberandomi dalla tristezza, dall'amarezza e dal sentimentalismo che potevano essersi accumulati in me durante il viaggio. Questo libro è franco e immediato, dolorosamente onesto, scritto e pensato in modo meraviglioso e un grandissimo regalo a tutti i tuoi lettori.

Mi sarei aspettato qualcosa di estremamente sentimentale e lacrimoso, ma tocchi immediatamente quelle note che ci aspettiamo di sentir suonare da te, che ci mettono in sintonia non solo con la tua spiritualità ma con la parte spirituale di noi stessi. Paula sarebbe orgogliosa (lo posso dire adesso, dopo aver letto questo meraviglioso tributo alla sua memoria) del modo in cui l'hai, non solo ricordata, ma resa viva per le persone che non hanno avuto l'opportunità di conoscerla. Questa ERA la tua missione, il compito che Paula ti aveva assegnato, e tu lo hai eseguito con passione ed eleganza. So che non era questa la tua intenzione, ma è comunque il risultato della tua bellissima, commovente scrittura.

Ciò che ritengo notevole è il modo in cui la forza della narrativa, inframezzata ai particolari clinici della malattia di Paula, all'ospedalizzazione, alle cure e alla morte, ci porta in avanti nel tempo, anche quando il tempo diventa un terreno scivoloso, sconnesso e quasi atemporale. Quando il dolore, il terrore e l'agonia ci sbarrano il cammino nella realtà, la vita interiore prende il sopravvento. Ricordo così chiaramente (in realtà la tua storia mi ha fatto rivivere tanti ricordi felici e dolorosi della perdita di Mary Jo) il lento oscillare fra speranza e disperazione, gioia e dolore, aspettative e paure che si vivono quando si perde una persona che si ama. Sono colpito dal modo in cui ci fai capire, piangere, ridere, tutto nello stesso momento. Questa non è solo la tua storia, ma è la storia di Paula, la nostra e quella di ciascuno di noi, e inoltre è la storia del Cile di questo secolo. Chiunque abbia vissuto una grave perdita (di una persona che amava o della sua patria) acquisterà forza dal tuo coraggio, dalla tua lotta e dalla tua onesta capacità di mettere a nudo le cose buone e quelle meno buone del tuo passato, la tua esistenza di *essere umano*, che lotta per capire il mondo e quale sia il proprio posto in esso.

Uno dei momenti più laceranti dell'ospedalizzazione di Mary Jo è stato quando mi sono reso conto non solo che sarebbe realmente morta, ma che le mie preghiere erano passate da "Ti prego falla vivere" a "Ti prego, aiutala a morire presto". Quello è un momento incredibile, quando l'agghiacciante presa di coscienza della "realtà" della morte penetra il nucleo del tuo essere e capisci che è tutto parte di un *continuum*.

Questo è precisamente quello che riesci a catturare così splendidamente in tutto il libro e a tradurre in parole commoventi nelle ultime pagine.

Le tue domande a Paula, l'immediatezza del suo essere là sdraiata in un letto d'ospedale, la forza e l'angoscia e l'impotenza che comunichi in tutto il libro sono straordinarie. E tuttavia l'intero libro è pervaso da un contagioso umorismo; ci si ritrova inaspettatamente a ridere nei momenti in cui è, per così dire, necessario: l'osservazione sulla fotografia, quando dici "di lui non ci resta che un braccio", l'aragosta e tuo padre, i viaggi alla casa delle vacanze, il morso sull'orecchio del ragazzo in Bolivia, il tuo spogliarello per il lavoro di ballerina, il fatto di mandare pizza invece di fiori alle attrici in modo che non perdessero peso (!) e tutto quanto il resto. Ci regali sorrisi e risate insieme a un racconto di orrore e redenzione.

Ho copiato migliaia di frasi da questo dattiloscritto e non vedo l'ora che sia pubblicato. Ho soffocato la tentazione di fotocopiarlo in modo da poterne rileggere alcuni passaggi (non l'ho fatto, naturalmente), passaggi come "la bambina e la ragazza che sono stata, la donna che sono, la vecchia che sarò, tutte le tappe sono acque della stessa impetuosa sorgente", come "Senza dubbio la gente qui vive come in California, solo che sono molto più contenti", come "...vomitai sulla sabbia un misto di formaggio, dolce, mela cotogna e colpa", come "Silenzio prima di nascere, silenzio dopo la morte, la vita è puro rumore fra due silenzi insondabili", come "...finita la tappa dell'efficienza, entriamo in quella dell'amore", e molti altri.

Ne ho letti dei brani, tradotti, a Janna che si è commossa e ha riso con me. Ma questo non è un libro rivolto soltanto a chi abbia perso una persona amata, bensì a tutti. Sarà un GRANDE successo, e aiuterà molta gente a scendere a patti con la vita. Sei così onesta, così diretta, così schietta e divertente e tragica e commovente che tutti noi riconosciamo nelle tue parole il profilo delle nostre vite.

Ci sono così tanti brani da commentare e da cui apprendere: "i giochi del terrore degli zii burberi", il femminismo nascente, tutta una serie di personaggi indimenticabili (il Tata, la Memé, la terrificante Magara, a proposito, ha DAVVERO ucciso Pelvina???), il pescatore, il momento agghiacciante quando Paula "muore" all'ospedale e moltissimi ancora. È tutto così orribile, sensuale, tragico, erotico, spaventoso, eccitante, affascinante, profondamente emozionante e pieno d'amore.

Non ho nessuna critica da farti, e in questo forse ti ho delusa. Ho cercato di rimanere obiettivo, distaccato ma sono stato continuamente travolto dalla narrazione. Solo il titolo* mi sembra un po' debole perché non evoca con sufficiente originalità quello che tu hai invece realizzato. Terrei il nome di Paula nel titolo, ovviamente, ma cerca di trovare qualcosa di più imme-

* Il titolo originale è *Para Paula*, ovvero "Per Paula". [*N.d.T.*]

diato, che abbia un maggiore impatto. Non ho nessun buon suggerimento da darti; forse qualcosa del tipo *Ascolta, Paula*. Pensaci.

Il veggente di Buenos Aires, che ti aveva detto che uno dei tuoi figli sarebbe diventato famoso ("indico te, Paula") aveva ragione, Isabel: Paula diventerà famosa grazie a questo libro. Hai raggiunto la perfezione, qui, e hai catturato tutta l'intensità di quell'anno carico sì di dolore ma anche di vita. Sei uno spirito generoso, una donna che sa perdonare e che ha saputo usare il suo inimmaginabile dolore non solo per capire se stessa e la sua vita, ma anche per aiutare chiunque legga questo libro. Sono molto commosso e onorato al pensiero che tu mi abbia permesso di leggerlo adesso, ti ringrazio. Sarebbe estremamente presuntuoso da parte mia offrirmi a te come lettore campione, ma se avessi bisogno di qualunque cosa, non devi fare altro che scrivere o telefonare. A proposito, quando verrai da queste parti? Non sarebbe ora di tornare in Virginia?

Con affetto

David

(*David Gies*)

Dipartimento di spagnolo, italiano e portoghese,
Università della Virginia, Charlottesville, Usa

23.

13 settembre 1994

Cara Isabel,

ieri sera ho finito di leggere *Paula* e ho aspettato qualche ora prima di scriverti. L'ho voluto leggere lentamente, e adesso sento di averlo vissuto e di essere arrivato a conoscere ogni personaggio – e Paula più di ogni altro – personalmente.

Credo che ti ci vorrà del tempo per renderti conto fino in fondo di quello che sei riuscita a fare. Sapevo già che sarebbe stato il mio libro preferito fra quelli che hai scritto e che ho letto, ma è molto più di questo: le ultime pagine vanno al di là del segreto della nostra mortalità, come facevano i drammaturghi greci per raggiungere lo stato liberatorio della catarsi.

Tale liberazione l'hai meritata non solo grazie alla tua volontà e al tuo talento, ma con la piena collaborazione di Paula, e ciò sconfina quasi nel miracoloso. Questo è in sé motivo di festa, ragione per cui il racconto non è una tragedia, ma una testimonianza altamente umana e positiva, senza una briciola di sentimentalismo.

Ogni pagina di questo libro è servita per cementare l'amicizia.

Grazie, Isabel, per il regalo che ci fai con i tuoi libri, e grazie per la tua amicizia.

Victor
(*Victor Perera*)
Berkeley, California, Usa

24.

12 maggio 1995

Cara Isabel,

qui accluso troverai il programma che ho preparato basandomi sull'intervista che mi hai rilasciato al Book Passage, ad aprile. Verrà trasmessa da noi a giugno. Tuo marito me ne aveva chiesto una copia.

Volevo ringraziarti per avermi concesso l'intervista, sebbene fossi così impegnata. Vorrei che avessimo avuto più tempo, c'erano molte cose che avrei voluto chiederti e di cui avrei voluto parlare con te. So che hai rilasciato moltissime interviste ormai e mi sorprende che tu riesca ancora a trovare le energie per rispondere sempre alle stesse domande con tanta gentilezza.

I tuoi libri hanno significato molto per me nel corso di questi anni, e *Paula* più di ogni altro. Amo il tuo stile narrativo, i mondi che riesci a evocare con il linguaggio più semplice. Penso che quando si scrive sia difficile non cadere nella tentazione di uno stile fiorito, ma tu ne sei capace. Oltre a essere infinitamente commossa dal ritratto di tua figlia e dalla tua relazione con lei, in *Paula* ho ritrovato moltissime cose che mi hanno toccata personalmente. Fra queste anche un episodio analogo, sebbene molto più breve, che si è verificato nella mia vita quando sono caduta in coma per tre giorni a causa di un attacco di malaria cerebrale. Mia madre dovette volare da una parte all'altra del mondo per essermi vicina. Mi ero risvegliata poche ore prima del suo arrivo e tutti notarono che il solo vederla migliorò immensamente le mie condizioni di salute. Mi hai chiesto se mi ricordassi niente di quei tre giorni, e immagino che tu lo abbia fatto per sapere se Paula sapesse che eri lì quando era incosciente. Non ricordo, sono giorni perduti per me. Ma devo aggiungere che forse quello che tu chiami spirito, e che io chiamo subconscio, era vigile in tua figlia durante tutti quei mesi terribili al principio della sua malattia, e forse è per questo che è stato così difficile per lei andarsene, il tuo amore e quello della famiglia devono aver agito come una potente forza di gravità che la tratteneva sulla terra. Mentre leggevo il tuo libro continuavo a immaginare mia madre al tuo posto e la svolta diversa che avrebbe potuto prendere la sua vita.

Ci sono stati altri momenti che mi hanno dato l'impressione di un *déjà vu* emotivo, come ad esempio la sensazione che tuo padre non fosse altro che un'ombra nella storia della tua famiglia. Accade lo stesso a me: mio padre l'ho appena conosciuto. La tua relazione con tua madre e tua nonna ricorda molto la mia storia familiare. E lo stesso posso dire per l'esilio, che ti ha più volte portata lontana dalla terra in cui sei nata.

Immagino che gli scrittori ricevano spesso lettere come questa dai loro lettori, che sono convinti che lo scrittore parli a loro, scriva la *loro* esperienza. E mi dispiace fare anch'io lo stesso, ma ho sentito di doverti scrivere per esprimerti alcune delle cose che avrei voluto dirti quando ci siamo incontrate, e che non mi è stato possibile fare per mancanza di tempo, per le circostanze inadeguate e per la mia iniziale soggezione nel trovarmi davanti a te. E tu hai detto nell'intervista che il libro è come ricreato, riscritto ogni volta che un lettore lo legge, attraverso quella storia personale e quella esperienza che si sovrappongono al testo. Beh, è proprio quello che mi è successo quando ho letto *Paula*.

Spero che il programma ti piaccia, ci sono così tante cose di cui non siamo riuscite a parlare e che penso sarebbero state affascinanti: la tua relazione con tua madre per esempio, o i tuoi numerosi spostamenti. Ma forse le nostre strade si incontreranno ancora in futuro. Ho avuto fortuna con la musica: una delle colonne sonore che ho utilizzato è stata naturalmente il tema principale del film *La casa degli spiriti*. L'altra è *La morte e la fanciulla* di Schubert (utilizzata nel film omonimo dal tuo compatriota Ariel Dorfman) che mi è sembrata appropriata per molte ragioni.

Saluta tuo marito da parte mia e anche Celia, che è stata così gentile quando ho chiamato la prima volta per organizzare l'intervista. Se ti trovassi ad Amsterdam, o in India, spero di poterti incontrare ancora.

Con grande ammirazione

Dheera Sujan
Olanda

25.

27 giugno 1995

Gentile signora Allende,

sebbene non la conosca, ho letto tutti i suoi libri e per me è come se la conoscessi. Il motivo per cui le scrivo è che ho appena finito di leggere *Paula*, che mi ha commossa moltissimo. Non mi era mai passato per la mente prima d'ora di scrivere a un autore e non so come cominciare, ma cercherò di essere breve perché immagino quanto debba essere impegnata una persona come lei.

Volevo dirle che *Paula* è il più bello di tutti i suoi libri, è scritto così bene che mi sento come se avessi conosciuto Paula almeno un po', e mi ha lasciato una grande voglia di conoscerla meglio. Come madre comprendo l'immensità del suo dolore, e mi fa paura l'idea di dover, un giorno, soffrire tanto. Come lettrice non posso che ammirare il tributo alla persona di Paula, e il modo in cui lei ha fatto di un libro la celebrazione della sua vita.

Tutti noi che abbiamo letto *Paula* ci ricorderemo sempre di lei con tristezza, rispetto e affetto. Ovunque si trovi adesso (e senza dubbio sarà un luogo bellissimo), saprà della storia che lei ha scritto e dell'amore che prova per lei tutta la sua famiglia, e sicuramente sarà felice. Come potrebbe non esserlo, avendo nella sua breve vita (è morta quasi alla mia età, io ho trentun anni) toccato tanti cuori, quelli di coloro che l'hanno conosciuta di persona e di quanti l'hanno conosciuta attraverso il libro. Mi domando, ad esempio, quante persone al mondo vivono un amore come quello che hanno vissuto lei ed Ernesto. Quanti passano per questa vita senza sapere che cosa significhi essere caritatevoli.

Per concludere, signora Allende, desidero dirle che conosco molte persone che la pensano come me riguardo ai suoi libri, ma soprattutto riguardo a *Paula*, e che in molti l'abbiamo pianta. Sento nel mio cuore che il suo libro entrerà a far parte della storia della letteratura latinoamericana, e in questo modo Paula vivrà per sempre. Che Dio conceda a lei e ai suoi cari una vita piena di benedizioni.

Con affetto

Trudy Sabbagh
Houston, Texas, Usa

26.

7 marzo 1996

Cara Isabel,

la notte scorsa ho letto le ultime righe di *Paula*. Ho chiuso il libro con una sensazione di immensa tristezza, ho guardato le fotografie nei risvolti di copertina e mi sono sentita sopraffare dalla forza creativa con cui lei ha narrato questa indescrivibile esperienza. Malgrado la sua storia mi abbia dato molto, ha risvegliato in me anche una profonda tristezza.

Anch'io ho dei figli, probabilmente ho un'età simile alla sua, e forse abbiamo vissuto l'infanzia dei nostri figli negli stessi anni. Certo, la mia famiglia non ha vissuto situazioni politiche difficili, non è stata costretta all'esilio. Mia figlia vive felicemente la sua vita; è di mio figlio che voglio parlarle. Vive nel nord dell'Inghilterra. Diversamente da sua figlia, lui è ancora con me, malgrado parti della sua personalità mi siano diventate del tutto inaccessibili. È sempre stato un ragazzo sveglio e intelligente, un po' chiuso forse, e riservato. Ha studiato a Cambridge e lentamente hanno cominciato a manifestarsi in lui, all'inizio in modo quasi impercettibile, i primi comportamenti schizofrenici. Quando un giorno i sintomi della malattia si sono rivelati con improvvisa violenza, il mio mondo è crollato. Dopo sei anni, il ricordo di quei giorni è ancora molto doloroso, le immagini orribili della follia si sono incise a caratteri di fuoco nella mia memoria. Quelle prime settimane, durante le quali nessuno voleva credere a quanto stava accadendo, quei primi mesi, nei quali ci si dovette abituare all'idea di quello che sarebbe successo, e poi questo ultimo anno, nel quale si è tristemente dovuto accettare l'inevitabile.

Quando ho letto le sue parole: "Mi devo abituare a mia figlia e non devo più ricordare la ragazza bella e allegra di prima..." ho capito che dovevo scriverle. Purtroppo lei ha perduto Paula, mentre Matthew al contrario vive, respira e mi parla. Anche se la sua vita è limitata e non potrà mai essere completa e felice, lui è ancora con noi. Ogni nuovo giorno porta con sé nuove paure e nuove angosce, perché le sue visioni distorte sono così lontane dalla realtà, ma ogni giorno è pur sempre un nuovo giorno per lui.

Grazie per averci raccontato la sua esperienza e grazie per avermi trasmesso nuova forza e determinazione. Aspetto con ansia il suo prossimo libro.

Cordiali saluti

Janet Elazier
Shropshire, Inghilterra

27.

14 marzo 1996

Cara Isabel,

ho appena finito di leggere il suo libro *Paula* e prendo subito carta e penna per dirle che con la sua storia sulla morte di sua figlia mi ha molto consolata.

Il 21 gennaio ho dato alla luce Julia che, tragicamente, è morta subito dopo la nascita. Durante il parto ha respirato del meconio, le si è formato del sangue nei polmoni che le ha reso impossibile respirare. Da molti anni cercavo di avere un figlio, e perciò era una bambina particolarmente desiderata e attesa, come forse lo sono tutti i bambini. Dopo la sua morte mi sono resa conto della relazione che si era creata fra lei e me durante i nove mesi di gravidanza. Non smetterò mai di domandarmi come sarebbe stata se fosse vissuta, che aspetto avrebbe avuto e che tipo di persona sarebbe diventata, se avrebbe avuto una natura artistica come suo padre, oppure forse musicale. Di una cosa sono certa, avrebbe avuto dei genitori che l'avrebbero amata con tutto il cuore.

Il fatto che lei alla fine ha avuto la forza di liberare Paula, di lasciarla andare, ha trasmesso a me la forza di pensare a Julia senza disperarmi. Anche se è vissuta così poco, è stata amata moltissimo dai suoi genitori e so che i suoi nonni si occuperanno di lei nell'altra vita.

Ho letto *La casa degli spiriti* e fino a prima che leggessi *Paula* lo consideravo il miglior libro che avessi mai letto. *Paula* mi ha toccato profondamente e mi è stato di grande consolazione nei momenti più tristi e più bui. Per questo la ringrazio.

Spero che continuerà a scrivere, come lei sola sa fare, con una capacità di sentire e di comunicare così grande come non ho mai trovato altrove in letteratura.

Grazie

Bernadette Jones
Blessington, Irlanda

Universale Economica Feltrinelli
LE DONNE RACCONTANO

ISABEL ALLENDE
LA CASA DEGLI SPIRITI
Un grande affresco che mescola realtà e fantasia, intrecciando la magica storia di una famiglia alle vicende di tutto un popolo.

ISABEL ALLENDE
D'AMORE E OMBRA
Sullo sfondo dell'inquieta società cilena, il sorgere di un amore tra due giovani giornalisti impegnati in una pericolosa indagine.

ISABEL ALLENDE
EVA LUNA
In un mondo oppresso dalla dittatura e divorato dall'ingiustizia, la piccola Eva Luna, grazie al potere dell'immaginazione, trasforma la realtà a misura del desiderio. Un grande romanzo di avventura. Una grande storia d'amore.

ISABEL ALLENDE
EVA LUNA RACCONTA
Come Sheherazade nelle *Mille e una notte*, Eva Luna, con imprevedibile e felice rapidità, racconta ventitré indimenticabili storie di passione e di violenza.

ISABEL ALLENDE
IL PIANO INFINITO
Mentre il profilo del gringo Gregory Reeves si staglia contro il vasto cielo della sua avventura umana, le vicende si intrecciano ai luoghi, i luoghi alla epica storia del mondo.

ISABEL ALLENDE
PAULA
La storia di un dolore esemplare che non accetta la disperazione: non esiste separazione definitiva finché esiste il ricordo.

CRISTINA COMENCINI
PASSIONE DI FAMIGLIA
Due sorelle, i loro dieci figli, le cinquanta nipoti e un'interminabile partita a carte.

MARIATERESA DI LASCIA
PASSAGGIO IN OMBRA
Un grande romanzo, intimo come un'autobiografia e corale come una saga familiare.
Premio Strega 1995.

ELENA GIANINI BELOTTI
ADAGIO UN POCO MOSSO
Le vecchie signore di Elena Gianini Belotti sono donne, oltre il limite d'età che le vorrebbe meno donne, che scoprono con ironia, curiosità, saggio distacco, la gioia di vivere. La gioia di essere donne.

ELENA GIANINI BELOTTI
PIMPÌ OSELÌ
Uno scorcio di storia italiana dagli anni trenta all'inizio della guerra visto *dalla parte di una bambina*.

JOSEPHINE HART
IL DANNO
La passione sfrenata che arriva, improvvisa, a sconvolgere la vita levigata di certezze di un brillante, maturo uomo di successo.

JOSEPHINE HART
L'OBLIO
Un volto e una voce che chiedono, dopo la morte, di essere salvati dalla crudeltà dell'*oblio*.

JOSEPHINE HART
IL PECCATO
Sullo sfondo di un'Inghilterra altoborghese, convenzionale e raggelante, una tragedia moderna, al femminile.

GABY HAUPTMANN
UOMO IMPOTENTE CERCASI PER SERENA CONVIVENZA
Carmen può avere tutti gli uomini che vuole, ma gli uomini vogliono una cosa sola e lei non ne vuole più sapere. Una spumeggiante storia in cui, divertite e divertenti, dominano le donne.

BILLIE HOLIDAY
LA SIGNORA CANTA IL BLUES
L'autobiografia, struggente e ruvida come la sua voce, della più grande vocalist che il jazz abbia mai avuto.

ANGELES MASTRETTA
STRAPPAMI LA VITA
I sogni, le passioni e le sconfitte delle donne messicane e dei loro uomini-padroni.

DUSTY MILLER
DONNE CHE SI FANNO MALE
Donne che muovono al proprio corpo una guerra spietata, sanguinaria, spesso clandestina, talvolta inconsapevole. La psicologa Dusty Miller le guida e ci guida alla gioiosa e insieme dolorosa scoperta della salute e della vita.

ROBIN NORWOOD
DONNE CHE AMANO TROPPO
Quando, come, perché amare può trasformarsi in "amare troppo"? Un lucido itinerario verso la consapevolezza di se stessi, verso l'equilibrio, difficile ma possibile, dei sentimenti.

LAURA PRETE
LA VITA CHE TORNA
La lotta di Laura per tornare, dopo il coma, alla vita. Una memorabile storia di dolore, di speranza, d'amore.

BANANA YOSHIMOTO
KITCHEN
Il romanzo della solitudine giovanile in un Giappone elettrico ed eclettico.

BANANA YOSHIMOTO
LUCERTOLA
Sei bozzoli di preziosa seta esistenziale. Sei fili tesi dal destino. Sei racconti tessuti in una Tokyo sfolgorante di luci e pulsante di vita.

BANANA YOSHIMOTO
N.P.
N.P., ovvero il centesimo racconto di un ideale gioco narrativo in attesa di un fantasma.

BANANA YOSHIMOTO
TSUGUMI
Il miraggio dell'eterna adolescenza.

BANANA YOSHIMOTO
SONNO PROFONDO
Tre giovani donne, il vuoto della notte, il germogliare segreto delle emozioni.

Stampa Grafica Sipiel
Milano, aprile 1997